U0071488

06
Buddha
Family
守護佛菩薩

文殊菩薩
智慧之主

附文殊咒 教唸CD

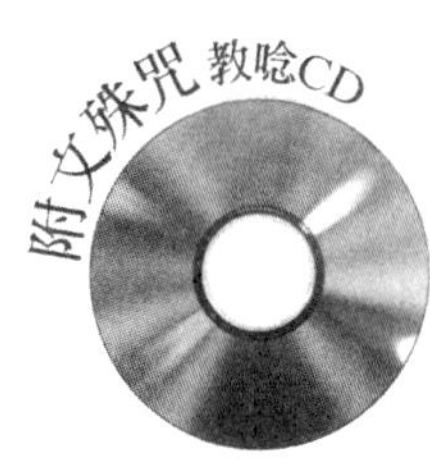

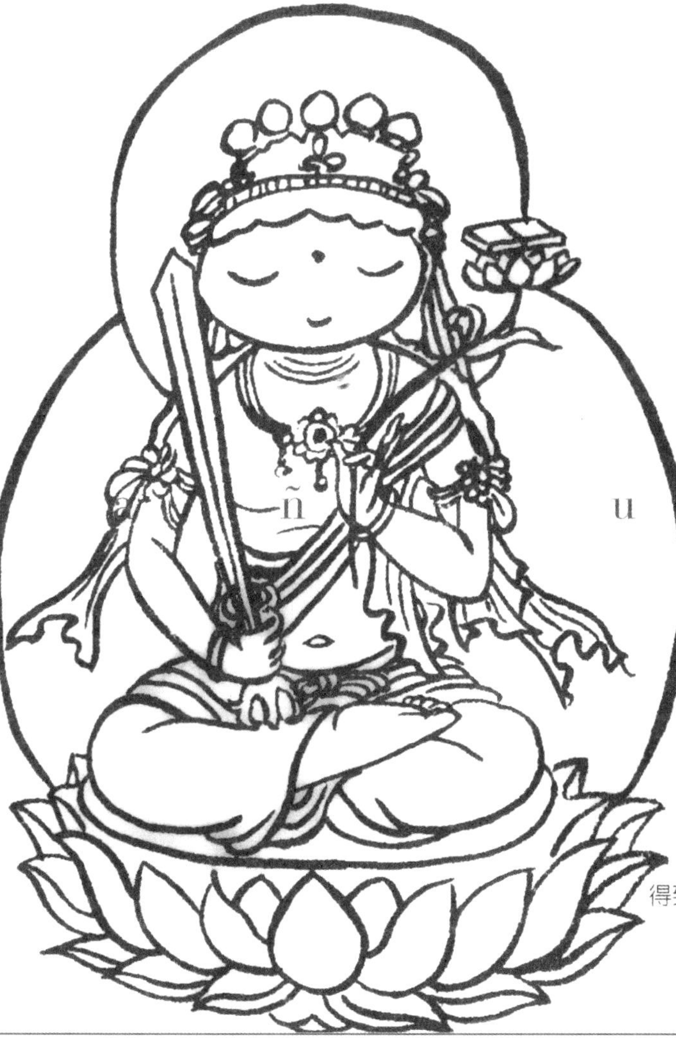

M a ñ u ś r i

文殊菩薩是一切菩薩中智慧第一的菩薩，

能護佑我們入於智慧大海，

堅固我們的記憶，獲得聰明辯才無礙；

消除愚癡、闇啞及語業的障礙，

增長一切福德與智慧；

開發俱生的智慧，了知諸法實義，

得致諸佛菩薩的圓滿智慧，一切所願皆得滿足。

《守護佛菩薩》出版緣起

《法華經》中告訴我們，諸佛是因為一大事因緣，而出現在世間。這個大事因緣，就是諸佛幫助眾生開示悟入佛陀的知見，而臻至究竟圓滿成佛。

因此，諸佛出現在世間的主要因緣，就是要守護我們，讓我們能夠安住於生活中修持，最後如同他們一樣圓滿成佛。

人類可以說是所有六道眾生中，造作行為的主體，因此人間的發展，也影響了天人、阿修羅、餓鬼、畜牲、地獄等其他類別眾生的因緣方向。所以，在佛法中的教化，雖然傳及法界眾生，但最主要還是以人間為中心。

因此，佛菩薩們雖然化身為無量來度化眾生，但是守護人間還是根本的重點。佛菩薩們守護我們，當然是以法身慧命為主，讓我們能夠開啓智慧，具足大悲心，而圓滿成佛。

在修行成佛的過程中，佛菩薩們總是扮演著如同師父、師母、師長的角色來守護、教導我們，甚至會如同兄弟姐妹一般隨身提攜。讓我們不只在遇到災患憂難的時候，能息除災難、增加福德，進而更生起吉祥的喜樂；並且當我們一時忘失修從正法菩提、遠離善友時，也能時時回正守護著我們，讓我們遠離眾惡邪侵，體悟隨順正法，而趣向無上菩提。

其實不管我們生活在任何時間、任何處所、佛菩薩們都永遠的護念著我們、守護著我們，沒有一時一刻忘失我們這些宇宙的浪子。因為守護著人間、守護著我們，正是佛菩薩的大悲心懷，所自然流出的本願。

許多修行人時常提倡要憶念諸佛、修持念佛法門，這實在是最有功德及效能的法門之一。但是如果就眞實的現象看來，其實諸佛菩薩是永遠不忘失的憶念著我們，而我們卻時常忘記念佛。

所以，當仔細思惟佛菩薩的願力、慈悲、智慧、福德時，才憶想起我們是多麼幸福，受到那麼多的祝福與護佑。如果能理解到這樣的事實，必然發覺到有無數的佛菩薩，正準備幫助我們脫離苦難而得致喜樂、消除災害、增生福德，並能夠修行正法，具足慈悲、智慧而成就無上菩提。

世間的一切是依因緣而成就，而在法界無數的佛菩薩中，有些是特別與人間有緣的。為了彰顯這些佛菩薩大悲智慧的勝德，也讓大眾能思惟憶念這些與人間有緣的佛菩薩，而感應道交，得到他們的守護。因此，選擇了一系列與人間特別有緣，並具有各種特德，能濟助人間眾生離災、離苦、增福、增慧的佛菩薩，編纂成《守護佛菩薩》系列，讓大眾不只深刻的學習這些佛菩薩的法門，並更容易的受到他們的吉祥守護。

祈願《守護佛菩薩》系列的編纂，能幫助所有的人，能快樂、吉祥的受到這些佛菩薩的守護。而二十一世紀的人間也能快速的淨化，成為人間淨土，一切的眾生也能夠如願的圓滿成佛。

文殊菩薩——序

文殊菩薩是代表甚深般若智慧的菩薩，在佛教中是四大菩薩之一，常與普賢菩薩同侍釋迦牟尼佛，是釋牟尼佛所有菩薩弟子中上首，所以又稱爲文殊師利法王子。

文殊菩薩是佛教中極爲特殊的菩薩，雖然爲了輔助釋尊的教化，一時示現爲等覺菩薩，但實際上他在過去、現在、未來三世當中都已成佛。在過去成佛時，文殊菩薩稱爲「龍種上佛」，又名「大身佛」或「神仙佛」，現在則爲「歡喜藏摩尼寶積佛」，未來已成佛稱爲「普現佛」。文殊菩薩依首楞嚴三昧力，遍現十方，救度眾生，所以他不只被稱爲三世佛母，也有三世佛之稱。

文殊菩薩的教化手段不可思議，在《大寶積經》中記述，因爲有菩薩得宿命智後，知道多劫以來所做罪業，心生憂悔，不能證得無生法忍。文殊菩薩爲了讓這些菩薩能了知宿罪如幻，而能證得無生法忍，於是在大眾中仗劍迫佛，佛陀示以諸法幻化之理，使這些菩薩知道宿罪皆如幻化，而得證無生法忍。文殊菩薩使用突兀、反詰、否定的各種善巧方便，教化眾生悟入諸法的實相。

文殊菩薩能於諸法實相通達無礙，演說善巧法門，直顯究竟法性海，以般若表詮其特德，因此號稱大智文殊師利菩薩。

雖然文殊菩薩代表大智，但是其深廣的悲願，也是難以企及的。在《大寶積經》〈文殊師利受記會〉中，他不只發願要廣度一切眾生，而且是要用天眼觀察十方世界，如果其所見的諸佛之中，有一位從初發心以至成佛，不是他所勸發、教化的，就不成佛。由此可見其悲願的廣大，也可體悟他「寓悲於智」的勝妙法門。故《心地觀經》說：「三世覺母妙吉祥。」誠不虛言。

文殊菩薩是諸佛之母，而大恩教主釋迦牟尼佛也深受其法恩。所以在《文殊師利普超三昧經》及《放鉢經》有記載：「今我得佛，皆是文殊師利之恩也。過去無央數諸佛，皆是文殊師利弟子，當來者亦是其威神力所致；譬如世間小兒有父母，文殊者，佛道中父母也。」以此讚嘆文殊菩薩爲三世覺母。

文殊菩薩仗劍騎獅，代表著其法門的銳利。以右手執大利劍斷一切眾生的無明煩惱，以無畏的師子吼震醒沈迷的眾生，這正是我們這個時代所需要的大智導師！

本書在內容上，希望能讓讀者全面了解文殊菩薩的風貌，並進入文殊菩薩的大智慧海，希望在他的教誨下，也能如同過去、現在十方諸佛一般，早證無上佛果。因此在第一部中，介紹了文殊菩薩、其廣大的菩薩大行及莊嚴的過去、現在、未來的淨土世界，引領讀者親切的進入文殊的世界。

此外，希望讀者能在文殊菩薩的加持下，破除一切障礙，獲得圓滿智慧，所以在第二部中介紹祈請文殊菩薩守護的方法，及其相關經典，讓大家能深入文殊菩薩的智慧大海，而圓滿一切祈願。

讓我們在任何時地都能憶念文殊菩薩的廣大智慧，使我們在困頓時有所依止，超越一切的障礙。希望我們隨時都有著文殊菩薩的悲智光明導引，讓三世佛母妙吉祥的大智法身，常住我們的心中，並隨時隨地加持我們具足悲心、智慧，使一切世間與出世間的眾事吉祥如意。讓所有的眾生無災無障，具足無上的智慧，圓證究竟的菩提佛果。

南無文殊菩薩摩訶薩

目　錄

《守護佛菩薩》——出版緣起……003
文殊菩薩——序……006

第一部　智慧守護主—文殊菩薩……011

第一章　智慧守護的文殊菩薩……013
第二章　智慧第一的文殊菩薩……023
01 文殊菩薩的各種名號……023
02 文殊菩薩的各種形象與眞言……029
03 文殊菩薩的本願……049
第三章　文殊菩薩的菩薩行……063
01 誓願弘深的王眾王子……063
02 文殊菩薩教化度眾的故事……087
第四章　文殊菩薩的淨土世界……103
01 文殊菩薩的過去淨土……105
02 文殊菩薩的現在淨土……111
03 文殊菩薩的未來淨土……113
04 文殊菩薩的人間淨土……119

第二部　祈請文殊菩薩的守護……131

第一章　如何祈請文殊的守護……133

01 文殊菩薩的每日修持法……134

02 生活中如何修持文殊菩薩……138

03 修持文殊菩薩的心要……141

第二章　文殊菩薩的感應故事……144

01 與文殊菩薩相會的無著禪師……144

02 法雲祈求智慧的感應……148

03 親覩五台聖境的法照禪師……150

第三章　文殊菩薩的相關語彙……155

第四章　文殊菩薩的重要經典……164

01《文殊師利所說不思議佛境界經》導讀……164

02《文殊師利所說不思議佛境界經》卷上……168

03《文殊師利所說不思議佛境界經》卷下……179

04《大寶積經》卷第二十九　文殊師利普門會……192

05《文殊師利發願經》……204

06《聖妙吉祥眞實名經》……207

07 文殊菩薩的相關經典……229

第一部

智慧守護主
—文殊菩薩

文殊菩薩以善巧方便的教化，
智慧吉祥的守護眾生。

Mañjuśrī

文殊菩薩

佛紀 604

公元 60

§（～200 頃）《般若經》、《法華經》、《華嚴經》、《無量壽經》等初期大乘經典成立。

智慧守護主——文殊菩薩

第一章　智慧守護的文殊菩薩

拿著金剛王寶劍的文殊菩薩，以猛烈、銳利的手法，迅疾破除眾生的無明執著，消除一切障礙，吉祥智慧地守護眾生。

三世覺母妙吉祥菩薩，代表著諸佛中最深刻的智慧，是大乘佛法中智慧的表率。

文殊菩薩（梵語 Mañjuśri）漢譯爲文殊師利、曼殊師利或妙吉祥。又文殊菩薩是釋迦牟尼佛諸多菩薩弟子中的上首，因此他又被稱爲文殊師利法王子。

文殊菩薩常與普賢菩薩同侍於釋迦牟尼佛兩側，二菩薩並爲佛陀的兩大脇侍，因此三者同時又被稱爲「華嚴三聖」。

經典中的文殊菩薩

文殊菩薩與《首楞嚴三昧經》及般若系經典關係甚爲深密。或有經典認爲其爲歷史眞實人物，如《文殊師利般涅槃經》記載，文殊菩薩當時爲印度舍衛國中，多羅聚落梵德婆羅門的孩子，他誕生時有瑞相產生，其屋宅忽然變化如蓮花

佛紀 729

公元 185

§ 十二月，支婁迦讖譯《首楞嚴經》二卷（一說為 186）

《首楞嚴三昧經》記載文殊菩薩久遠前已經成佛

《首楞嚴三昧經》是宣說首楞嚴三昧為主要目的經典，在大乘佛教思想史上佔有重要的地位，是一部極為重要的大乘三昧經典。

本經的根本意趣，明白顯示出首楞嚴三昧的妙用。經中佛、菩薩、諸天子等縱橫開演，或由佛自身的三昧力而示現威神力，或由堅意天子、彌勒菩薩、魔界行不污菩薩說明教化衆生的妙用，或藉由文殊菩薩說示亙於多劫長時的大慈悲、大方便。

華嚴三聖：中為釋迦牟尼佛，左為文殊，右為普賢

一般，由其母親的右脇出生，出生時身相爲紫金色。

初生下來便能語言說話，成長後拜詣諸多仙人處求教出家法門，卻沒有能酬對回答的人，於是他便皈依佛陀，出家學習佛道，經常修學首楞嚴三昧，並且安住於首楞嚴三昧中，行持稀有難得的佛法事業。

當佛陀涅槃後四百五十年時，他到達雪山爲五百仙人暢演宣說十二部經，後來返還其出生地，在尼拘律陀樹下入於涅槃。

或有經典記載文殊菩薩早已成佛的說法，如《首楞嚴三昧經》卷下記載，文殊菩薩在過去久遠劫，於南方平等世界成就無上正等正覺，爲龍種上如來。

或有經典認爲文殊菩薩未來當佛，如在《文殊師利佛土嚴淨經》卷下記載，文殊菩薩自從久遠的那由他阿僧祇劫以來，發起十八種廣大的誓願莊嚴清淨國土，未來成佛時名爲普現如來。

在《央崛魔羅經》中記載，文殊菩薩在越過北方四十恆河沙剎土有常喜國，佛號名爲歡喜摩尼寶積如來。

文殊菩薩爲過去、現在、未來三世佛，當然其淨土世界亦有過去、未來、現在淨土，而文殊菩薩在娑婆世界的淨土，根據《華嚴經》〈菩薩住處品〉所記載，文殊菩薩住於東北方清涼山，而以山西省五台山爲文殊道場。

佛紀 778

公元 234

§ 印度僧龍樹（150-250頃）著《中論》、《十二門論》、《大智度論》、《十住毘婆沙論》等

宿命通

能了知自己過去宿住世的生死、姓名、壽命、苦樂等的神通力，稱為宿命通。更嚴格而言，是能了知自身及六道眾生的百千萬宿世及所作的行事。

無生法忍

無生是指諸法的實相是空，並沒有真實的生滅現象，而能諦認無生無滅的實相之理，並且安住且不動心稱之為「無生法忍」。又作無生忍、無生忍法、修習無生忍。

仗劍騎獅的文殊菩薩最常見的基本形像

仗劍破執的文殊菩薩

仗劍騎獅的文殊菩薩形象，是顯教與密教的共同基本形象。其形象的表徵意義，以右手執金剛寶劍來斷除一切眾生的無明煩惱，而以無畏的獅子吼聲，震醒沉迷輪迴的眾生。

又文殊菩薩在經典中展現的特殊風貌，即是拿著金剛王寶劍，破除一切障礙、執著，將一切既有的框制都打破；而以猛烈、銳利的手法，迅疾破除眾生的無明執著。

有一次，一些佛陀的弟子精勤修行時，突然修得了宿命通，於是這些有宿命通的弟子觀察自己的過去，發現佛陀竟然是他們以前的仇人。

這些弟子在過去生都曾與佛陀結下仇怨，造作了極重的罪業。而佛陀卻以修持忍波羅蜜法門來度化這些弟子。

當弟子們知道這景況之後，心中不禁生起大怖畏，都生起懺悔的心境，陷於悔恨當中，心中感到很難過，甚至生起自殺的念頭，而無法證入無生法忍的境地。

文殊菩薩一看這情形，心想著：怎麼可以呢？好不容易大家修到這種境界，卻於此境界所障礙，豈不太可惜了，應該設法讓他們繼續修行，得證無生法忍。

為了破除他們執著的相，讓他們了知過去的罪業如幻，文殊菩薩便拿起金剛寶劍，一步一步逼向佛陀，欲向佛陀刺去。

■ 三昧耶形

密教中以三昧耶表示佛菩薩或諸尊的本誓，而三昧耶形則是以器杖、印契等形相，具象的表達諸尊的本誓。

佛紀 804

公元 260

§ 魏．朱士行前往于闐求取《大品般若經》原典

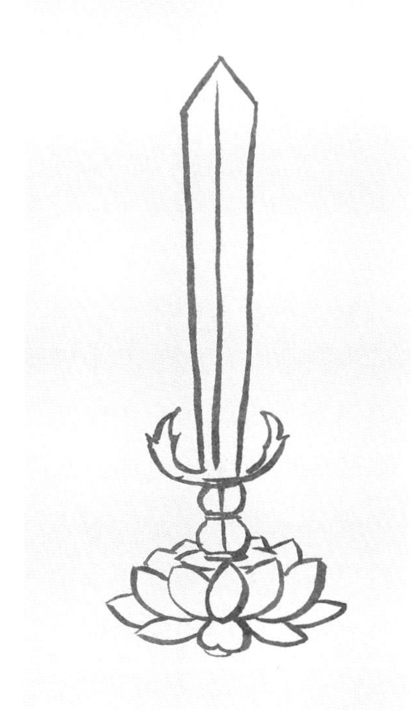

金剛寶劍是文殊的三昧耶形

佛陀見此狀況，連忙止住文殊說：「止！止！我法妙難思。」（佛陀示之佛法微妙難以思議。）

這時弟子們的心中，產生很大的衝擊。

他們想：「我們還在懺悔自己的罪業時，怎麼文殊菩薩卻拿著金剛寶劍要殺害佛陀呢？」

佛陀的弟子們看到文殊菩薩的行爲，都大爲吃驚。心想著在佛陀尚未成佛前殺他，罪過可能還小一些，而今他已經成佛，文殊菩薩竟然還敢拿劍要殺害佛陀，怎麼會發生這等事，這眞是把大家都搞迷糊了。

此時，由於文殊菩薩的舉動，弟子們都忘記自己正陷於懺悔的境界之中。

而當佛陀又說：「止！止！我法妙難思。」（佛陀示之以諸法幻化之理。）這時，弟子們立即悟入一個最深刻的無相三昧的禪定境界之中，也使這些弟子們了悟宿罪皆如幻化，突然間全部都開悟，而進入無生法忍的境界。

因此，金剛寶劍也就成爲文殊菩薩的三昧耶形象徵，代表文殊菩薩教法的銳利之處。

諸佛的父母——文殊菩薩

在《放鉢經》裡，釋迦牟尼佛稱道：「文殊是佛道中的父母。」以下即是文殊菩薩號爲諸佛父母的典故由來。

有一次釋迦牟尼佛托著鉢去乞食，當他開始要進食時，

Mañjuśrī

文殊菩薩

佛紀 833

公元 289

§ 四月，竹法護譯《文殊師利淨律經》

釋迦牟尼佛在《放缽經》中稱文殊菩薩是佛道中的父母

文殊菩薩就現身把鉢丟在地上說：「釋迦，當憶念我文殊的恩德。」

這話一說完，跟隨釋尊同行托鉢的弟子馬上勃然大怒。心中想著：釋尊是他們的老師，文殊怎麼可能如此大膽地口出狂言。

於是很多人去撿那個鉢，但是用盡了神通力還是拿不動。最後釋尊開口說：「文殊這麼說並沒有錯，因爲我之所以會成佛，都是文殊菩薩教化的緣故。」因此有文殊菩薩爲諸佛父母的由來。

悲願深廣的文殊菩薩

雖然文殊菩薩代表大智，但是其深廣的悲願，也是難以企及的。在《大寶積經》〈文殊師利授記會〉中敘述，他不只發願要廣度一切的眾生，而且要以天眼觀察十方世界，如果其所見的諸佛之中，有一位從初發心至成佛，不是他所勸發、所教化的，他就不成佛，由此可見其悲願的廣大。

因此，只要我們能專心一意的憶念文殊菩薩，或是一心不亂相續地稱誦「南無文殊菩薩」，定能受到文殊菩薩的悲智光明導引，讓我們有煩惱時能飲下清涼的般若法語，困頓時能有所依止，加持我們具足智慧、悲心，讓我們的身心得到大智導師的慈悲佑護，一切吉祥圓滿。

Mañjuśrī

文殊菩薩

佛紀 835

公元 291

§ 竺叔蘭譯《放光般若經》、《維摩經》、《首楞嚴經》

智慧第一的文殊菩薩

第二章　智慧第一的文殊菩薩

三世覺母妙吉祥文殊菩薩，代表著諸佛中最深刻的智慧，是大乘佛法中智慧的表率。

01 文殊菩薩的各種名號

《大方廣菩薩藏文殊師利根本儀軌經》記載，復過東北方有千恆河沙等世界，有一個名爲開華世界，那世界的佛陀爲開華王如來。那地方有位童子名爲妙吉祥，過去施行大願力，同住菩薩摩訶薩。

這位妙吉祥童子即是文殊菩薩，文殊師利菩薩梵名 mañ juśri，西藏名 hjam dpal。文殊是「妙」義，師利爲「頭」、「德」、「吉祥」之義。文殊菩薩又寫作文殊尸利、曼殊師利、曼殊室利、滿祖室哩，簡稱爲文殊。或稱文殊師利童眞、文殊師子童子菩薩、孺童文殊菩薩。

在各個經典中，文殊菩薩有各種名號，在《無量壽經》、《涅槃經》中則稱爲妙德，《無行經》爲妙首，《觀察三昧經》、《大淨法門經》則是普首，《阿目佉經》、

佛紀 869

公元 325

§ **東晉明帝太寧三年，南海漁人網到阿育王所造的文殊金像，後送致武昌寒溪寺**

■ 首楞嚴三昧

即堅固攝持諸法的三昧。為百八三昧之一，乃諸佛及十地的菩薩所得的禪定。意譯作健相三昧或勇健行三昧。

據《首楞嚴三昧經》卷上載，首楞嚴三昧非初地乃至九地的菩薩所能得，唯有十地的菩薩能得此三昧。所謂首楞嚴三昧，即修治心猶如虛空、觀察現在衆生之諸心、分別衆生諸根器的利鈍、決定了知衆生的因果等一百項。此三昧不以一事一緣一義可知，一切禪定解脫三昧，神通如意無礙智慧，皆攝在首楞嚴中，譬如陂泉江河諸流皆入大海。所以菩薩所有禪定皆在首楞嚴三昧當中。

文殊菩薩依首楞嚴三昧的威力遍現十方

《普超經》稱為濡首，《無量門微密經》、《金剛瓔珞經》曰為敬首，《大日經》稱為妙吉祥。

在《大日經疏》記載：「妙謂佛無上慧，猶如醍醐純淨第一。室利翻為吉祥，即是具眾德義。或云妙德，亦云妙音也，即以大慈悲力故，演妙法音令一切聞故。」所以文殊又名妙音。

又稱為妙德者，在嘉祥吉藏《法華義疏》中記載：「文殊此云妙德，以了了見佛性故，德無不圓，累無不央數諸佛，皆是文殊師利弟子，當來者亦是其威神力所致；譬如世間小兒有父母，文殊者，佛道中父母也。」

此外，文殊菩薩又號為「法王子」，其實一切菩薩皆是如來法王之子，然而為何獨稱文殊為法王子？這是因為文殊菩薩為佛陀的左脇弟子，為一切菩薩眾的上首緣故。在《法華文句記》記載：「問曰：經稱文殊為法王子，其諸菩薩何人不是法王之子？答：有二義，一於王子中德推文殊，二諸經中文殊為菩薩眾首。」

另外，雖然文殊菩薩為了輔助佛陀的教化事業，一時權現為等覺菩薩來施行救度，但實際上他在過去、現在、未來三世中，皆為果地的如來。文殊菩薩依首楞嚴三昧的威力，遍現十方世界，救度眾生，所以有「三世佛」的尊稱。

文殊菩薩在過去世中早已成佛，過去世文殊菩薩稱為「龍種上佛」又名「大身佛」、「神仙佛」。根據《首楞嚴

Mañjuśrī

文殊菩薩

佛紀 917

公元 373

§ 支施崙、帛延於涼州譯《須賴經》、《如幻三昧經》二卷、《上金光首經》、《首楞嚴經》二卷

三世覺母文殊菩薩

三昧經》記載：「過去久遠無量無邊阿僧祇劫，爾時有佛號龍種上如來。……爾時平等世界龍種上佛豈異人乎，即文殊師利法王子是。」

在《央掘摩羅經》記載文殊現在號爲「歡喜藏摩尼寶積佛」，經中記載：「北方去此過四十二恒河沙剎，有國名常喜，佛名歡喜藏摩尼寶積如來，在世教化。……彼如來者豈異人，文殊師利即是彼佛。」在未來世界中，依《寶積經》所記載，文殊師利菩薩成佛時名爲普見或普現如來。

另外，在佛陀的弟子中，以舍利弗爲智慧第一，大乘菩薩中則以文殊爲智慧第一，所以有「覺母」之稱。在《心地經觀》中稱他爲：「三世覺母妙吉祥」，代表著諸佛中最深刻的智慧，是大乘佛法中智慧的表率。

佛紀 945

公元 401

§ 十二月，鳩摩羅什抵達長安（一說 395，400，402），譯《仁王般若經》二卷、《金剛般若經》

§ 十二月，僧肇隨鳩摩羅什入長安

文殊菩薩相應於不同因緣而示現不同形象

02 文殊菩薩的各種形象與真言

三世佛文殊菩薩在過去已經圓滿成佛，但他依著本願威力的緣故，依首楞嚴三昧威力的緣故，在過去、未來、現在的時空中，依著如是的因緣，相應顯現來教化有情眾生，所以有種種形象相應現前，就如同觀音菩薩的普門示現一般，隨著眾生不同的因緣而有不同的示現。

因此，文殊菩薩相應於娑婆世界有情眾生的因緣，也有種種不同形象的示現。如《清涼山志》卷四中，記載的文殊菩薩顯應錄，就有種種不同的形象。

一般常見的文殊菩薩形象，是仗劍騎獅的文殊，以右手執金剛寶劍斷除一切眾生的煩惱，以無量的獅子吼聲，震醒沉迷的眾生。這也是顯教、密教共同的文殊基本形象。

另外，還有文殊菩薩的塑像，如：僧形文殊、兒文殊、一髻文殊、五髻文殊、八髻文殊、六字文殊的尊形。以下就文殊菩薩各種形象臚列於後：

僧形文殊

僧形文殊是禪林中安置於僧堂、食堂的比丘文殊菩薩。

文殊菩薩一般皆呈現在家相，然而若供奉於禪林僧堂為聖僧相時，則作沙門的形象。亦即身上披著袈裟，手結法界

佛紀 948

公元 404

§ 鳩摩羅什譯《大品般若經》三十卷、《百論》二卷

結夏安居

為修行制度之一。由於印度夏季的雨期達三月之久，此三個月間，出家人禁止外出而聚居一處以致力修行，稱為結夏安居。

結夏安居的制度始實行於印度古代婆羅門教，後為佛教所採用。

供奉於禪林僧堂的僧形文殊

定印，禪坐於獅子背上的文殊像。

禪宗有一個著名的「文殊過夏」公案，文殊菩薩即現僧形。這是依《文殊師利現寶藏經》卷下記載：「文殊師利在結夏安居時，不在佛的身邊，不在眾僧人當中，也不見在請會、說戒中，而於舍衛城王宮的采女中，及諸淫女、小兒之中安居三月。」

在此中顯示出大乘菩薩僧形的文殊，於一切處能善巧修行，而非聲聞僧的迦葉所能了知。為此，遂有大迦葉欲逐出文殊師利的事件發生。同時亦顯現大慈悲的文殊菩薩，相應於此的時空因緣，而示現出家相教化眾生。

《宋高僧傳》卷一記載：「四年冬，空奏天下食堂中置文殊菩薩為上座，制許之。此蓋慊陳如是小乘教中始度故也」。又在《禪林象器箋》第五類靈像門記載：「古東福寺有一維那，適見聖僧像，背貼紙題云『陳如尊者』，告眾云：『戒臘簿宜改書陳如尊者（中略）。』忠曰：此蓋不知份形文殊，妄題為僑陳如歟！」

因此，在中國很多的寺院，或是僧堂、戒壇，甚至食堂，安置文殊菩薩的尊像常常是僧形文殊的緣故。

一字文殊

在《大方廣菩薩經》中及《文殊師利根本一字陀羅尼經》舉出文殊菩薩一字真言：唵齒嚂　，所以此文殊

Mañjuśrī

文殊菩薩

佛紀 964

公元 420

§ 佛馱跋陀羅譯《大方等如來藏經》、《文殊師利發願經》

一字文殊頭上結一髮髻，又稱為一髻文殊

稱爲一字文殊。

一字文殊的種子字爲齒嚕（śri），三昧耶形爲青蓮華上有著如意寶珠者。尊像作童子形，身呈金色，半跏趺坐於千葉白蓮華上，左手執著青蓮花，花上有一顆如意寶珠。右手向外，五指垂下，結滿願印，熙怡微笑。又其頭上結一髮髻，所以又稱爲一髻文殊。

修持文殊菩薩的一字眞言，其功德不可思議，在很多經典中都記載著殊勝的功德。

如《覺禪鈔》卷第五十八中記載，一心誦持一字眞言一個月，即可見到文殊菩薩現身於空中，行者並可得致宿命智，辯才無礙。

又據《文殊師利根本一字陀羅尼經》記載，此眞言能滅除一切惡邪魍魎，爲一切諸佛吉祥之法，也是能成就一切的神呪。而且誦持此呪能令眾生生起大慈心、大悲心，一切障礙皆得消滅，所有諸願皆得滿足。

除此之外，如婦人難產，或諸男子爲箭所中，遭受各種疾病痛苦，若能在服藥前，先持誦此咒加持所服用的藥，定能增強其治療效果。

又此一字文殊陀羅尼呪，能令眾生於現世獲得安穩，諸如來大菩薩眾常爲眷屬，一切所願悉得成就。修持文殊一字眞言其功德眞是不可思議。

佛紀 965

公元 421

§ 十二月，佛馱跋陀羅譯《大方廣佛華嚴經》六十卷

一字文殊

一字文殊的三昧耶形：青蓮華上有如意寶珠

一髻文殊真言

唵①　娑摩那②　始哩③　娑縛賀④

①　②　③　④

oṁ ①　samāna ②　śrī ③　svāhā ④

歸命①　同一②　吉祥③　成就④

唵①　齒嚂②

①　②

oṁ ①　śrī ②

歸命①　齒嚂　種子字②

五字文殊

五字文殊即是五髻文殊。

五字文殊菩薩梵名Mañju ghosa。音譯曼殊伽沙。即以（a，阿）、（ra，羅）、（pa，波）、（ca，者）、（na，那）五字爲眞言的文殊師利菩薩。

其眞字的意義「阿（a）」本然寂靜無生之義（毗盧遮那佛說）；「羅（ra）」空離塵之義（阿閦佛說）；「波（pa）」本眞無染著離垢之義（寶生佛說）；「左（ca）」本淨妙行之義（觀自在王如來說）；「那（na）」本空無自性之義（不空成就如來說）。

在密教曼陀羅胎臟界中，文殊菩薩位列於中台八葉院的

Mañjuśrī

文殊菩薩

佛紀 969

公元 325

§ 竺叔蘭譯《放光般若經》、《維 摩 經》、《首楞嚴經》

五字文殊即五髻文殊

西南方。密號爲吉祥金剛，種子字是 ![悉曇字] （a）或 ![悉曇字] （ma），三昧耶形是青蓮花上有金剛杵。

形相通常身呈金色童子象，頂戴五髻冠。肘上繫袈裟一角，向外垂，右手仰掌持梵篋，左手豎掌屈大、頭、中二指，執青蓮花，上有三股杵。

《大日經》〈第一具緣品〉記載：「次至第三院，先圖妙吉稱，其身鬱金色，五髻冠其頂，猶如童子形。左持青蓮花，上表金剛印。慈顏遍微笑，坐白蓮台，妙相圓，普光光周匝互輝煌。」

五字文殊一稱五髻文殊，密號般若金剛，種子是 ![悉曇字] （mam）或 ![悉曇字] （ka），三昧耶形是青蓮上三股或梵篋。形象是身紫金色童子形，頂冠五髻，以表五智，右手仰掌，指端向右，左手豎掌，屈第二指、中指、無名指三指，執著青蓮花，花上有三股杵，安坐於白蓮花上。

梵篋即《般若經》，表智波羅蜜，青蓮花表不染著諸法三昧。

《大日經》第三則解釋說：阿闍梨指出，鬱金即是閻浮金色，用以表金剛甚深智慧。頭上的五髻，表徵如來五智久已成就。以本願因緣故，示現作童眞法王子形象。青蓮花是象徵不染著諸法三昧，以心無所住的緣故，即見眞如實相。金剛智印表能以常寂光遍照法界，坐於白蓮座上，則表不異於中台八葉的胎藏之中。

Mañjuśrī

文殊菩薩

佛紀 994

公元 450

§ 無著（395～470，一說310～390）作《攝大乘論》、《金剛般若經》、《顯揚聖教論》等書

金剛界的文殊菩薩

胎藏界的文殊菩薩

文殊菩薩的印契（手印），在《大日經》〈第四密印品〉中記載，是以定慧二手作虛空合掌，以二火指反壓二水指背，屈二風指，空指、頭指相捻。

六字文殊

六字文殊乃是指以唵縛雞淡納莫　六字爲眞言的文殊菩薩。此菩薩安住於滅罪調伏的三昧，其眞言有六字，所以稱爲六字文殊。

依《陀羅尼集經》卷六所載，六字文殊的形象爲金色童子形，頭戴天冠，雙盤跏趺坐於蓮花上，左手仰掌當胸，右手結說法印，觀音與普賢二大菩薩隨侍兩側。

其種子爲　（vaṃ），三昧耶形爲梵篋，其手印爲大三鈷印。

爲了往生極樂世界，或祈求長壽，以此菩薩爲本尊的修法，稱爲六字文殊法，亦稱爲文殊六字法。

六字文殊的形象總約而言，文殊菩薩代表一切如來的智慧，而無相智德不染著法，在密教曼陀羅中胎藏界的文殊，左手持青蓮花以爲表徵。又因爲其能斷煩惱的緣故，所以金剛界的文殊，右手持利劍以表之。

又文殊菩薩乘獅子者，爲金剛界的文殊；坐白蓮華者，是胎藏界文殊，擴而言之，胎藏界的文殊，其尊形以左手持青蓮花爲三昧耶形，且坐於白蓮臺。金剛界的文殊，則以金

Mañjuśrī

文殊菩薩

佛紀 1053

公元 509

§ 菩提流支譯《金剛般若經》

§ 六世紀初葉，阿旃塔第一石窟寺院開始營造

六字文殊菩薩

八字文殊菩薩

剛劍爲三昧耶形，其座騎爲師子座或孔雀座。

八字文殊

八字文殊菩薩因其頂上有八髻，所以又稱爲八髻文殊。於密教修法中，此尊常被列爲修持息災法的本尊，修此尊來祛除惡夢，有其殊勝的加持力。

其形像放金色光明，乘著獅子王座，右手持著智慧寶劍，左手執青蓮花，於蓮華臺上安立一智慧金剛杵。又此尊的曼荼羅稱爲八字文殊曼荼羅。

文殊師利菩薩在《大聖妙吉祥菩薩秘密八字陀羅尼修行曼荼羅次第儀軌法》舉出八字眞言：唵阿味囉𤙖佉左洛。即（oṁ，唵）、（āḥ，噁）、（vi，尾）、（ra，羅）、（hūṃ，𤙖）、（kha，欠）、（ca，者）、（raḥ，落）等八字爲眞言，故稱八字文殊。《覺禪鈔》卷六十中說，誦持此眞言，能得智慧、多聞、長壽。

此外，文殊的八大童子是指八髻文殊的使者，分別爲：光網童子、地慧童子、無垢光童子、不思慧童子、召請童子、髻設尼童子、救設慧童子及鄔波髻設尼童子。

現童子身的文殊菩薩

除了以上特別固定的形象之外，文殊菩薩常是以童子的

佛紀 1062

公元 518

§ 僧伽婆羅譯《文殊師利問經》二卷

文殊菩薩常現童子的樣貌（敦煌第 156 窟）

樣貌示現。

在佛典中，童子代表堅貞、光明，在經典中常稱呼菩薩爲童子，代表菩薩所顯現的質直與眞誠。菩薩以童眞來展現永遠精進的生命，以童眞來棄絕一切世間的染著，以童眞來表達眞實誠懇的心靈。

在大乘佛法的發展當中，童眞般的菩薩，佔有極重要的地位。許多偉大的菩薩以童男、童女的形象出現，化導於世。大乘佛法當中，緊扣著菩薩道的實踐，表現出精進不已的生命觀，以大悲、大智指導勸學一切世間善巧應世。

此外，童子也代表了無限的可能——思想純眞、精神飽滿、隨時修正自己。如《華嚴經》中善財童子五十三參，其中就有三位童子與兩位童女，接受了善財的參訪。

在菩薩十地中，第八不動地又稱爲童眞地。童眞地的菩薩棄一切有爲入於無功用行，象徵了童子的直心無造作，代表著修學佛法的最重要的階段。

藏密造形的文殊菩薩

文殊菩薩在西藏的造型，其坐姿多爲結跏趺坐，也有半跏趺坐於蓮華上，或直接以師子爲座騎，比喻智慧如師子般勇猛。分別有白、黑、紅黃、師子文殊等不同法軌傳承。

在藏密的修法中，文殊菩薩的種子字爲 དྷཱི （漢音譯作滴），其眞言：嗡阿喇巴仵納滴 ཨོཾ་ཨ་ར་པ་ཙ་ན་དྷཱིཿ 。

第一義諦

第一義諦即最殊勝的第一真理。為「世俗諦」的對稱。略稱第一義。又稱：勝義諦、諦、涅槃、真如、無相、中道、法界。總括其名，指深妙無上之真理，為諸法中第一，故稱第一義諦。

佛紀 1097

公元 535

§ 東魏菩提流支譯《文殊問菩提經論》二卷

§ 傅翕於重雲殿《般若經》

§ 長安般若寺建立

§ 劉宋元嘉二年，劉式之敬造文殊金像，禮事之《法苑珠林》

藏密形象的獅子文殊

眞言「嗡」表示歸命依止；「阿」表示空性無生；「喇」代表清淨無染離塵垢之義；「巴」乃是第一義諦諸法平等；「乍」無爲而有諸法、諸行；「納」爲無有諸法性相，言語文字皆不可得；「滴」主尊文殊的種子字，表悉地成就。

此外，文殊菩薩的眞言又有以下的意義：

「嗡」：表三門清淨心，皈依作供獻，獲得頂、喉、心輪三輪加持、福德智慧功德齊備。

「阿」：表本然寂滅無生義，象徵毗盧遮那佛，入根本清淨、無生滅法門。

「喇」：表無相遠離破壞束縛，象徵阿閦如來，入於圓滿實相，爲降魔不動法門。

「巴」：表無有染著，象徵寶生如來，入於法界眞如，爲降伏貪心平等法門。

「乍」：爲本淨妙行義，象徵觀自在如來，入於妙觀理趣，遠離瞋恚的淨土法門。

「納」：表示本空自性，象徵不空成就佛，成就金剛菩提，斷除愚癡入於解脫法門。

「滴」：乃一切諸法集積不可得之義。

誦持文殊法門，可增長一切福德、智慧、堅固記憶，令行者得聰明才辯，演說一切妙法，了知諸法眞實義，消除愚癡、闇啞及語業各種障礙。

Mañjuśrī

文殊菩薩

佛紀 1115–1143

公元 471–499

§ 佛光寺建立（《古清涼傳》）

§ 此魏孝文帝創建菩薩頂

藏密造形的文殊菩薩

在藏傳佛教中，常於發心研經學法，思量、造論、辯經前，都會先修持「五字文殊菩薩修持儀軌」以祈求文殊菩薩的加持，開顯學人的智慧，並使學人具足無礙的大辯才。

Mañjuśrī

文殊菩薩

佛紀 1130

公元 586

§ 四月，隋．闍那崛多譯

《文殊師利行經》

文殊菩薩的願力悲心澈髓

03 文殊菩薩的本願

諸佛菩薩所發起的廣大誓願，通常可分爲本願（別願）與共願。像彌陀的四十八願、藥師佛的十二大願等都是屬於別願，而「眾生無邊誓願度，煩惱無盡誓願斷，法門無量誓願學，佛道無上誓願成。」四弘誓願，則是佛菩薩的共願。

因爲佛菩薩的共願是相同的緣故，所以淨土中莊嚴的景狀很多是雷同的；又因爲本願各各不同的緣故，所以在不同的淨土世界中又有不同的展現。

本願大致分爲二大類：一是國土莊嚴願，一是眾生成佛願。當發起本願時，眾生成佛願是以悲心來救度一切眾生，而國土莊嚴願一定是跟我們自身所修學的佛菩薩本尊與自身修持的經驗有關，也可以說是與緣起有關係的誓願。

文殊菩薩在未成爲菩薩時，是於何時初發心修行菩薩道？所發的本願爲何？這些我們想依學文殊菩薩者，所必須明瞭的。

在《文殊師利佛土嚴淨經》卷下、《大寶積經》第六十〈文殊師利授記會〉及《悲華經》〈諸菩薩本授記品〉第四皆有記載，現在我們依《大寶積經》〈文殊師利授記會〉來明瞭文殊菩薩的初心及所發的本願。

關於文殊菩薩發心時間的久近的問題，在經典中，不論

佛紀 1204

公元 660

§ 李虔觀血書《金剛般若經》、《般若心經》

敦煌第 172 窟　東壁北側　文殊菩薩圖部分　（盛唐）

師子勇猛雷音菩薩如何追問，文殊師利始終不肯自己說出，後來由世尊代爲宣說，在〈文殊師利授記會〉中原經文記載：爾時，師子勇猛菩薩白佛言：「世尊！此文殊師利不肯自說發心久近，此諸大眾皆樂欲聞。」

佛言：「善男子！文殊師利是甚深忍者，於甚深忍中菩提及心皆不可得，以不可得是故不說。

然！善男子！我今當說文殊師利發心久近。

善男子，過去久遠過七十萬阿僧祇恒河沙劫，有佛名雷音如來、應、正等覺出現于世，在於東方去此過七十二那由他佛剎，有世界名無生。

彼雷音如來於中說法，諸聲聞眾有八十四億那由他，諸菩薩眾二倍過前。

善男子！彼時有王名曰普覆，七寶具足王四天下，正法理化爲法輪王，而於八萬四千歲中，以衣服飲食、宮殿臺觀、僮僕給侍，一一殊妙，恭敬供養雷音如來及諸菩薩聲聞大眾。

其王親族中宮婇女王子大臣，唯務供養餘無所作，雖經多歲初無疲倦。

過是已後，其王獨在靜處思惟：我今已集廣大善根，而猶未定所迴向處，爲求帝釋、大梵天王、轉輪王耶？爲求聲聞、辟支佛耶？

作是念已，空中諸天告言：大王勿起如是狹劣之心。何

文殊菩薩

佛紀 1205

公元 661

§ 唐高宗勅令修理五台山寺塔

敦煌第 159 窟　西壁北側　文殊菩薩圖像　（中唐）

以故？王之所集福德甚多，當發阿耨多羅三藐三菩提心。善男子！時普覆王聞是語已，歡喜念言：我今於此決定不退，何以故？天知我心而來告我。（略）

爾時，普覆王者，豈異人乎？今文殊師利菩薩是也。彼於往昔過七十萬阿僧祇恒河沙劫。初發菩提之心，次過六十四恒河沙劫得無生法忍，能具足菩薩十地如來十力，佛地諸法悉皆滿圓，而未曾起一念之心，我當得佛。」

這是文殊菩薩在過去久遠七十萬阿僧祇恒河沙劫前，在雷音如來的教化下，文殊師利菩薩為普覆王，在無生世界發起無上菩提心的原由。

文殊菩薩從初發菩提心開始，到證得無生法忍的境界，最後終能具足如來佛地諸法圓滿究竟，於此過程中，從來未曾生起一念「我當得佛」的心，隨緣廣勸十方眾生發起無上菩提心，護持具修證致佛果的境地，又從而供養、護持諸佛如來法，可謂為大悲菩薩的具體表現。

雖然我們通常以大智來表彰文殊菩薩的特德，但其悲心的深廣，我們可由〈文殊師利授記會〉中，文殊菩薩所發起的十八本願即可知了。當師子勇猛雷音菩薩問文殊師利菩薩，當得何等佛剎功德莊嚴？而文殊菩薩始終不予回答，並且說：「對於如來一切智者，說自佛剎功德莊嚴，即為菩薩自讚己德。」所以不予回答。

直至佛陀告訴文殊師利，可自說以何等誓願莊嚴佛剎，

文殊菩薩

佛紀 1206

公元 662

§ 唐龍朔二年，下詔修理中台的菩薩像（《法苑珠林》）

§ 法雲與安生一同在中台的菩薩真容院塑造文殊聖像（《山西通志》）

文殊菩薩圖　（敦煌第 9 窟　東壁北側　晚唐）

令諸菩薩眾聽聞，決定成滿此願時，於是文殊菩薩才承著佛陀的敕教而宣說本願。其所宣說本願的原文如下：

1. 我從往昔百千億那由他阿僧祇劫已來，起如是願，我以無礙天眼所見十方無量無邊諸佛刹中一切如來，若非是我勸發決定菩提之心，教授教誡令修布施、持戒、忍辱、精進、禪定、智慧，乃至令得阿耨多羅三藐三菩提，我於菩提終不應證，而我要當滿此所願，然後乃證無上菩提。

2. 我有是願，以恒河沙等諸佛世界爲一佛刹。無量妙寶間錯莊嚴，若不爾者，我終不證無上菩提。

3. 我復有願，令我刹中有菩提樹，其量正等十大千界，彼樹光明遍此佛刹。

4. 我復有願，我坐菩提樹已，證得阿耨多羅三藐三菩提乃至涅槃，於其中間不起此座。但以變化遍於十方無量無數諸佛刹土，爲諸眾生而演說法。

5. 我復有願，令我刹中無女人名，純菩薩眾，離煩惱垢，具淨梵行。初生之時袈裟隨體，結加趺坐忽然而現。如是菩薩遍滿其刹，無有聲聞、辟支佛名，唯除如來之所變化，往詣十方爲諸眾生說三乘法。

6. 我復有願，如阿彌陀佛刹以法喜爲食，而我刹中菩薩初生起食念時，即便百味盈滿於鉢，在右手中。尋作是念：若未供養十方諸佛及施貧窮苦惱眾生、餓鬼等類，令其飽足，而我決定不應自食。作此念時，得五神通，乘空無礙，

佛紀 1207

公元 663

§ 十月，玄奘譯完《大般若經》六百卷

■ 八難

八難是指不得遇佛、不聞正法的八種障難。即：

㈠在地獄難，衆生因惡業所感，墮於地獄，長夜冥冥而受苦無間Ⅷ額得見佛聞法。

㈡在餓鬼難，餓鬼有三種：⑴業最重之餓鬼，長劫不聞漿水之名。⑵業次重之餓鬼，唯在人間伺求蕩滌膿血糞穢。⑶業輕之餓鬼，時或一飽，加以刀杖驅逼，填河塞海，受苦無量。

㈢在畜生難，畜生種類不一，亦各隨因受報，或為人畜養，或居工海等處，常受鞭打殺害，或互相呑噉，受苦無窮。

㈣在長壽天難，此天公五百劫為壽，即色界第四禪中之無想天。無想者　以其心想不行，如冰魚蟄蟲，外道修行多生其處，而障於見佛聞法。

㈤在邊地之鬱單越難，鬱單越，譯為勝處，生此處者，其人壽夾歲，命無中夭，貪著享樂而不受教化，是以聖人不出其中，不得見佛聞法。

㈥盲聾瘖難，此等人雖生中國（指古印度中部摩竭陀國一帶），而業障深重，盲聾瘖，諸根不具，雖直佛出世，而不能見佛聞法。

㈦世智辯聰難，謂雖聰利，唯務耽習外道經書，不信出世正法。

㈧生在佛前佛後難，謂由業重緣薄，生在佛前佛後，不得見聞佛法。

往於十方無量無數諸佛刹中，以食供養諸佛如來及聲聞眾，又於貧苦諸眾生類亦皆周給，復爲說法令離渴愛，於一念頃還至本處。

7.我復有願，於我刹中諸菩薩等，初生之時所須衣服，於其手中，隨意皆出種種衣寶，鮮潔稱體，應沙門服，便作是念：若未供養十方諸佛，不應自用。於一念中，往詣十方無量佛刹，以此衣寶獻諸佛已，還至本處方自受用。

8.我復有願，我佛刹中，諸菩薩眾所得財寶及諸資具，要先分施諸佛、聲聞，遍供養已然後受用。

9.又我刹中，遠離八難及不善法，既無過咎亦無禁戒，無有苦惱諸不悅意。

10.我復有願，我佛刹中積集無量妙寶所成。復以無量摩尼妙寶，間錯莊嚴。其摩尼寶於十方界所未曾有，甚爲難得。如是寶名，俱胝歲中說不能盡，隨諸菩薩樂見彼刹金爲體者，即見爲金，樂見銀體即見爲銀，然於見金未曾損減，樂見頗梨、琉璃、馬瑙、赤眞珠等無量諸寶，各隨所見皆不相礙。如是栴檀香體、阿伽羅香乃至赤栴檀等，各隨樂見亦復如是。

11.又彼刹中，不以日月、摩尼、星火等光之所照現，彼諸菩薩皆以自身光明，照於千億那由他刹。

12.又彼刹中，以花開爲晝，花合爲夜。隨諸菩薩所樂，時節即皆應之，然無寒暑及老病死。

Mañjuśrī

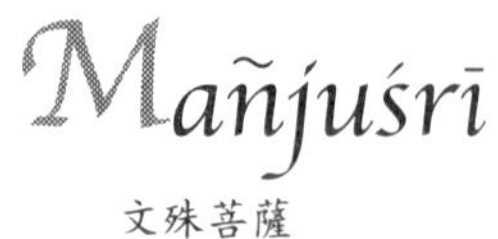

文殊菩薩

佛紀 1208

公元 664

§ 窺基於五台山建造文殊菩薩像，寫金字《般若經》

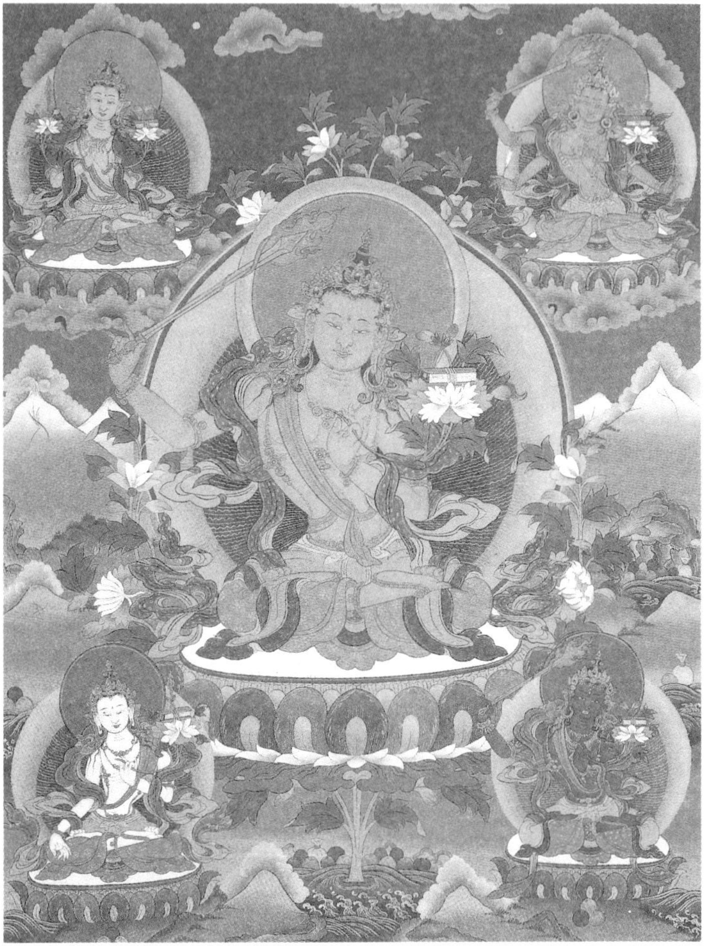

文殊菩薩不但是一位智慧者，更是一位慈悲者

13.若諸菩薩隨其所樂，欲證菩提，即往餘剎，於兜率天壽盡降生而證菩提。

14.此佛剎中無有涅槃。

15.百千種樂於虛空中，雖不現相而聞其音，此樂不出順貪愛聲，但出諸波羅蜜、佛、法、僧聲，及菩薩藏法門之聲，隨諸菩薩所解妙法，皆悉得聞。

16.又諸菩薩，若欲見佛，隨所詣處經行、坐、立，應念即覩普見如來坐菩提樹。

17.若諸菩薩於法有疑，但見彼佛，不待解釋，疑網皆斷，解了法義。

18.我復有願，如我所見無量無數百千億那由他諸佛世尊，而彼諸佛所有佛剎功德莊嚴，如是一切皆令置我一佛剎位，唯除二乘及五濁等。

文殊菩薩所發起的願力是相當深刻的，他的悲心澈髓，他不但是一位大智慧者，更是一位大慈悲者。

文殊菩薩的第一大願中：我從往昔百千億那由他阿僧祇劫以來，發起如是誓願，我以無礙天眼所見到的十方無量無邊諸佛中的一切如來世尊，都是由我勸發菩提心，使他們安住於布施、持戒、忍辱、精進、禪定、智慧，乃至令其證得阿耨多羅三藐三菩提的圓滿境界，我於菩提終不得證。

文殊菩薩的天眼清淨無礙，這是因爲等覺菩薩的天眼無所限制，他以天眼普觀十方無量無邊諸佛土中的一切如來，

Mañjuśrī

文殊菩薩

佛紀 1302

公元 758

§ 七月，日本諸國抄寫《金剛般若經》三十卷，置於國分二寺，並誦《最勝王經》，以祈天下太平

六波羅蜜

全稱為六波羅蜜多。釋譯為六度，波羅蜜譯為「度」是到彼岸之意。六波羅蜜實乃大乘佛教中菩薩欲成佛道所實踐的六種德目。即

⑴**般若**：般若就是智慧，是生命中透徹圓滿的真實智慧。

⑵**禪定**：禪定是消除煩惱妄想，讓我們產生智慧的根本修持方法。

⑶**精進**：精進是永不終止的在生命道上奮力增上。

⑷**忍辱**：忍辱是生命進化的原動力，是我們增長幸福圓滿的資糧。

⑸**持戒**：戒是自我身心的生活規範，能使我們在生命的增長過程當中，免除不必要的障礙。

⑹**布施**：布施永遠是雙向的，布施予他人安心、智慧、財物，也就是同時施予自己悲心、歡樂、功德。

沒有一位不是經由他所勸發教導，而臻至圓滿菩提。

首先他勸發他們發起無上菩提心，教授他們六波羅蜜行，從初發心到成佛全部圓滿了，然後文殊菩薩才印證無上菩提。

佛菩薩都依其廣大願力而成就圓滿菩提，因此我們隨學習於文殊菩薩，亦要隨學其願力、心行，依著個人的因緣具體的落實於生活之中，在自己的生命中實踐文殊菩薩的人生。

佛紀 1307

公元 763

§ 十二月，五台山文殊殿重修

§ 印度僧寂護第一度入西藏

在《悲華經》記載，三王子王衆是文殊菩薩的過去生

第三章　文殊菩薩的菩薩行

文殊菩薩發願十方諸佛世尊，都是由他所勸發而發起無上菩提心，其善巧教化不可思議；文殊菩薩依首楞嚴三昧威力，隨應機緣變現種種化身，施行廣大救度。

01 誓願弘深的王衆王子

這是《悲華經》中記載的文殊菩薩過去生的故事：

在過去久遠過恒河沙等阿僧祇劫，有一名爲刪提嵐的世界，當時佛陀名爲寶藏如來，這個世界在善持大劫時，有轉輪聖王名爲無諍念（阿彌陀佛的過去生）。

無諍念有千個兒子，大兒子不眴，是觀音菩薩的過去生；二兒子尼摩，是大勢至菩薩的過去生；而三兒子王眾，即是文殊菩薩的過去生。

有一回，無諍念王與他的千位王子，一起供養寶藏如來以及所有的比丘僧眾。當殊勝的供養完畢之後，大家便各自發願，將供佛的福德，迴向於來生實現。他們有的發願迴向成爲忉利天王、梵王，或求取大財富，或祈求成爲解脫的聲

佛紀 1310

公元 766

§ 五台山金剛寺建立

六道輪迴圖

聞，而無諍念王祈願自己再成爲轉輪聖王。

當時，轉輪聖王的大臣中，有一位名爲寶海的大臣，他是釋迦牟尼佛的過去生，他常常到處勸發人們發起廣大菩提心，連天龍鬼神眾他都勸說其歸依三寶、發起菩提心，很多眾生也都因此也發起廣大的菩提心。

當無諍念王和他的王子們各自迴向祈願之後，就在當天夜晚，寶海大臣做了一個怪夢：他夢見十方恒河沙佛，每一尊佛都持著蓮華送給寶海，並有各種不可思議的瑞相出現。

但很奇怪的是他卻看到無諍念王變成人形豬面，渾身沾滿了血跡，胡亂地在四面八方到處奔馳，並且吃食各種蟲類，等到吃飽後，竟然有無量眾生來爭食轉輪聖王的身體，就這樣，死亡了再投生，依然是人形豬面，再被眾生吃掉身體；死亡了再投生，投生了再死亡，不斷地輪迴。

不僅如此，他看見諸位王子也都變成動物面人形，有的是象面，有的是水牛面、師子面，或是狐、狼、豹面、豬面等，他們也都如同無諍念王一般噉食無量眾生，接著又被無量眾生所食，也跟他們的父親一樣，生復死，死復生，生生世世都是如此。

寶海突然從夢中驚醒，忍著性子等待清晨曙光現起，便立前往請教寶藏如來他的夢境。如來告訴寶海梵志，這是由於無諍念王和王子們雖然希望修福，卻沒有無上菩提心，只想求取世間的福報，以致在福報享盡之後，又落入輪迴苦迫

Mañjuśrī

文殊菩薩

佛紀 1313

公元 769

§ 十二月，依不空三藏的奏請，勅令全國佛寺的食堂中，除了供奉賓頭盧尊者像外，另安置文殊菩薩像為上座（《貞元新定釋教目錄》）

三王子王衆發願十方世界的諸佛都由他所勸發的

當中……。

於是大臣寶海將夢中所見及如來的教誨，一五一十的告訴轉輪聖王以及太子們，勸發他們要發起成就佛道的菩提心，不要只求人天福報而已。

國王和王子們聽完大臣寶海的勸告之後，決定重新思惟、發起廣大誓願。

三王子王眾聽了大臣寶海的一番話後，便叉手合掌向寶藏如來說道：「世尊！我先前在三個月中供養如來及僧眾，以及我自身所有由身體、語言、心意所實踐的清淨之行，我現在將這些福德全部迴向無上正覺菩提。現在我發願不在不清淨的世界中成就無上正覺，但我也不願意快速成就無上正覺的圓滿佛果。」

三王子王眾娓娓道出他的殊勝大願，其內容實在令大眾感覺十分驚奇。

「我祈願將來在實踐菩薩道時，見到十方無量無邊諸佛世界中，所有的諸佛世尊，都是我過去所勸化而成就圓滿佛位，而且也是由我勸發而生起無上正覺的菩提心，並安止於這無上正覺的菩提心中，再使他們安住於菩薩的六波羅蜜行。」

三王子王眾所發起的大願，令大眾覺得非常詫異，只見他又繼續發願道：「我在行菩薩道時，願能以清淨的天眼，普遍觀察十方世界，一一方各有如恒河沙佛剎微塵數一般多

佛紀 1314

公元 770

§ 四月，法照入五台山

三王子發願建構莊嚴佛土

的諸佛世界，在這些世界中成佛說法的諸佛，都是由我所勸化而成就大菩提道者。

願我在為菩薩時，能從事這無量的佛事。我在來世中所行持的菩薩道，無有齊限，我所教化的一切眾生，令他們的心宛如梵天一般清淨。而這些眾生出生在我的國土時，必能成就無上的正覺。」

三王子王眾如此的發願，同時大家也了悟，為何他不願意迅速成就無上正覺的原因。

發完眾生成佛願之後，接著，他又發出不可思議的國土莊嚴願。

「世尊，我希望以無上的菩提行，來清淨莊嚴我未來的佛國世界，我發願將如同三千大千世界的恒河沙般的十方佛土，合為一個佛土。而在此佛土中周匝圍繞的大寶牆，都是以七寶合成；這座寶牆高度上至無色界中，十分地高大。眞紺琉璃所成的大地，沒有任何的塵土、沙石、穢惡、瓦礫，十分的柔軟細滑。」

三王子在發願建構莊嚴的佛土之後，更發心攝集廣大的佛土眷屬。

「在這個淨土世界中，所有的眾生都是化生所成，都是單性，連女人的名稱都沒有。他們純粹以法喜三昧境界為食品，不必食用如同人間所吃的分段粗食。在這個國度中，純粹只有菩薩眾住於此處，沒有小乘的聲聞及辟支佛乘，他們

佛紀 1316

公元 772

§ 十月，中國全國寺院建造大聖文殊師利菩薩院，安置文殊塑像（《真元新定釋教目錄》）

王衆王子發願能以種種飲食、衣物、珍寶上供諸佛，下施衆生

遠離貪心、瞋恚忿怒及愚笨癡呆，全部都修習清淨的梵行，這樣的聖眾充滿遍及於佛土中。而且當他們誕生的時候，鬚髮很自然地落除，身上穿著出家的三種法衣。

三王子繼續發願道：「佛陀，我祈願這些菩薩眾在出生之後，如果他們心中生起飲食的心念，立即會有珍寶的鉢器出現在他們的右手中，並隨著心意，自然出現上妙的百味飲食在鉢中。

在這樣的時空中，我希望菩薩眾能夠立即憶及：『我們應當將這些上妙美食持至十方世界，以供養諸佛、聲聞僧眾及貧窮的人。』

另外，如果有受到各種饑渴逼迫的餓鬼道眾生，我應當至其面前，用食品來供給滿足他們的饑渴。而我們自己應當修行法喜三昧來做飲食。他們生起如此心念之後，就能得證菩薩的不可思議行三昧。

當他們得證這三昧之後，就能立即獲得無礙的神通力量，到達無量無邊世界出現在諸佛跟前，供養諸佛及僧眾，以及布施給貧窮眾生，甚至餓鬼。

如此布施之後，又為他們說法，並在一餐飯食的時間，周旋往返，還歸於原來的國土中。除此之外，衣服、珍寶及所需的種種物品，也都全部上供諸佛下供餓鬼，供完之後，方才自行食用。」

此時，三王子又想起一切苦難的眾生，所以發願道：

Mañjuśrī

文殊菩薩

佛紀 1317

公元 773

§ 十月，不空請求於新設的文殊院長期宣講《文殊師利功德莊嚴經》

王衆王子發願在其世界中，不必有日月照明，而是菩薩們放射出廣大的光明

「願我的世界當中，沒有不能見聞佛法、以及有障礙的八難之處與不善的苦惱，也沒有受戒、毀戒、懺悔這些事情。

希望我的世界中，常有種種的珍寶做爲嚴飾，而珍寶卻是十方世界所未曾擁有也未曾見聞的。

希望在這世界中的菩薩們，想要見到金色的圓滿妙相，都能隨著心意而得見，想要目睹銀色的妙相，也是如此。但是見到銀相的同時，不會失去金相；見到金相時，也不失於銀相；其他如水精、琉璃、硨磲、瑪瑙及赤眞珠等種種珍寶，也都是能隨著心意得見。

另外在嗅聞妙香也是如此，沈香、根香、藿葉香、栴檀香、沈水香、赤栴檀香、牛頭栴檀香也是隨意得嗅聞，而嗅聞沈香時不失於栴檀香，聞嗅栴檀香時也不失沈香，其餘也是如此。種種所願，都能自在隨意的成就。」

這時，虛空中現起祥瑞的光明，照耀著三王子的身上，彷佛罩著彩衣的晶明。

王子又向佛陀發願道：「世尊啊！願我的世界當中，不必再有日月的明照，所有的菩薩們有著廣大的光明，如其本願所求，自然現起，乃至能照耀百千萬億那由他的世界。

由於這些大光明的緣故，所以在此世界中沒有白天或夜晚的差別。當眾華開敷的時候，就知道這是白天，而眾華閉闔時，便知道這是夜晚。

此世界中時序調和安適，沒有氣候寒熱及老、病、死等

Mañjuśrī

文殊菩薩

佛紀 1318

公元 774

§ 李公寶臣於定惠寺，建立文殊堂，新造菩薩像（《古今圖書集成》）

兜率天

乃欲界六天的第四天，位於夜摩天與樂變化天之間，距夜摩天十六萬由旬，在虛空密雲之上，縱廣八萬由旬。

此天有內外兩院，兜率內院乃即將成佛者（即補處菩薩）的居處，今則為彌勒菩薩的淨土；彌勒現今亦為補處菩薩，於此宣說佛法，若住此天滿四千歲，即下生人間，成佛於龍華樹下。

又往昔釋迦如來身為菩薩時，亦從此天下生人間而成佛。一般所傳內院有四十九院，或即依據彌勒上生經之說而來，其經文謂：「此摩尼光迴旋空中，化為四十九重微妙寶宮。」

外院屬欲界天，為天衆之所居，享受欲樂。

天人的壽命約四千歲，其一晝夜相當於人間的四百年，換算約為人間五億七千六百萬年。

此外，此天衆生，情欲動時，兩相執手，即成陰陽，初生的小兒如人間八歲小孩，七日成人，身長四由旬，衣長八由旬，寬四由旬，重一銖半。

問題。如果有最後身的一生補處菩薩，將在他方世界中，成就無上正覺的佛果，那麼他可以用在此世界中的身體，直接身處在他方世界的兜率天宮當中，不再轉生，從兜率天中命終之後，下生成佛。」

「佛陀啊！如果我成就無上正覺之後，我也不會在這個世界中滅度、入於大般涅槃（佛陀完全解脫的境地）；當我入於大般涅槃時，必將身處於虛空之中。」三王子期盼著他未來的佛土中，沒有死亡而且連死亡的名稱也沒有了。

風吹動了宛如露珠般的明光，這些光蘊所成的霓虹，相互敲擊碎合，叮叮咚咚交織成無比的美妙音聲，宛如同大珠小珠落玉盤一般。

「佛陀啊！在此世界中，所有菩薩都能隨心所欲，自然擁有一切的妙具。這個世界周匝之際，當有百千億那由他的自然音樂發出。

這些樂音，不會發出任何引發我們愛欲的音聲，而常演出六波羅蜜聲、佛聲、法聲、僧聲、菩薩法藏聲、甚深妙義聲；而菩薩眾們，聽著這些音聲，自然隨其因緣，有所解悟。」

這時彷若呼應著王眾王子的菩提誓願，十方莊嚴的諸佛世界，若隱若現在清淨的虛空之中現起，而諸佛如來微笑的注視著三王子，似乎讚許他發願完成諸佛的心願。

王眾王子繼續說道：「世尊啊！我行菩薩道的時候，如

佛紀 1319

公元 776

§ 西藏桑耶寺院（Bsam-yes）開始建立

§ 十月，日本於內裏朝堂誦讀《大般若經》

曼陀羅華

曼陀羅華，為一年生的草本植物。在佛典中，此華名又譯為適意、成意、雜色等名。又稱佛花、顛茄、悶陀羅草、天茄彌陀花。

此華莖高三、四尺，枝葉皆似茄子。葉無刺，色呈綠色，互生。夏秋之間開花，花冠為大形一瓣，作漏斗狀，長約三寸，端有五尖，裂片排列成褶襞形，其色白質。果實外觀呈卵圓形。種子、殼、莖、葉均有毒，也供作藥用。

曼陀羅華為四種天華之一，花色近赤色，此華在印度向來被視為天界的花。吉藏《法華義疏》卷二中記載：「天華名也，中國亦有之，其色似赤而黃，如青而紫，如綠而紅，（中略）大曼陀羅華者大如意華。」

在玄奘所譯的《稱讚淨土經》，中則以曼陀羅華為上妙天華。《大智度論》卷九十九中說：「天華中妙音，名曼陀羅。」同論卷七十九中也說，八百比丘以五色天華供養佛，故當來成佛時，其世界中常有五色天曼陀羅華。

我所見百千億那由他阿僧祇諸佛世界的種種的莊嚴、種種的瓔珞、種種的相貌、種種的住處及種種的大願，願我皆能圓滿，也令我的世界能完全成就這所有的莊嚴。

我的淨土沒有聲聞、辟支佛等眾生，也沒有五濁惡世、三惡道及須彌諸山、土沙、礫石、大海、林木等。世界中純有寶樹，超過天上所有；而且除了曼陀羅華、摩訶曼陀羅華之外，更無餘華。

只有妙香遍滿國土，沒有任何臭穢。所有的菩薩眾，都是成佛前的最後一生，除了要在他方世界成佛者之外，不再有人投生別處，他們將處於兜率天上，命終之後，成就無上正覺的佛果。」

王眾王子兩眼端視著寶藏如來，堅決的說道：「世尊啊！我行菩薩道時，沒有任何的期限，必當成就如此微妙果報的清淨佛土，最後一生將補成佛之處的菩薩充滿其中。

這些菩薩大眾，沒有一人從初發無上正覺的菩提心，到安止於六波羅蜜的菩薩大行，不是經由我的教導。而且我們所在的刪提嵐世界，也將融入我的佛土，一切的痛苦煩惱都將消除。」

「刪提嵐世界也將化入他的佛土當中？」大眾們心想：「這樣的願力，眞是希有難得啊！王眾王子的願力，眞是令人讚佩啊！」

王眾王子稍停了會兒又說：「世尊啊！我行菩薩道時，

Mañjuśrī

文殊菩薩

佛紀 1320

公元 776

§ 澄觀遊學五台山，後住大華嚴寺

§ 五月，日本邀請六百僧於朝堂讀誦《大般若經》攘災

§ 於敦煌睡佛洞畫作文殊菩薩等圖像（《大唐隴西李府君脩功德碑》）

§ 福州樂道寺、京師光寶寺等皆安置文殊菩薩像（《宋高僧傳》）

王衆王子發願，如果其成佛之後，有衆生能親眼見到其具足的三十二相，八十種相好，必將堅住無上正等正覺

當要成就如此等希有的眾事，然後在未來世時，乃成就無上的正覺佛果。

願我成佛時，所安坐的菩提樹名爲善見眾寶菩提樹，這棵道樹的縱廣正等於一萬個四天下，香氣光明也遍滿於十個三千大千世界。菩提樹下用種種珍寶做金剛座，縱廣正等於五個四天下，這個寶座名爲善擇寂滅智香，高有八萬四千由旬。我在這金剛座上跏趺雙盤而坐，在一念之中就證成無上正覺佛果。

從初成道，乃至於大般涅槃，恆常安住於道場的菩提樹下，坐在金剛寶座上，而不下座。然後化作無量諸佛及菩薩眾，遣往其餘的諸佛世界中教化眾生。

每一位化佛在一餐飯的時間中，爲廣大眾生宣說微妙的勝法；亦在一餐飯的時間內，令無量無邊的眾生，發起無上正覺的菩提心；發心之後，就能不退轉於無上正等正覺。這樣的化佛及菩薩眾，常作這些稀有難得的佛事。」

王眾王子眼望著虛空世界，似乎在觀看著無邊的佛土，並以最誠摯的心語，向寶藏佛說道：「佛陀啊！我成佛之後，希望其餘世界的眾生，都能見到我的身影。如果有眾生，能夠親眼見到我那具足三十二相、八十種好的佛身，必定將使他們堅住於無上正等正覺，及至於成就無上菩提大般涅槃之際，不離於見佛。

願令我佛土中，所有的眾生，眼、耳、鼻、舌、身、意

佛紀 1335

公元 791

§ 無染入五台山善住閣院

在《悲華經》中，由於王衆王子的弘深大願佛陀為他命名為文殊師利

六根完具，沒有任何的缺憾乏少。如果諸菩薩眾想要見我的話，在他們居住的地方，隨身迴轉，行、住、坐、臥都能得見。

只要這些菩薩發心念佛，就能見到我端坐於菩提樹下。當他們見到我時，原來所有對於各種法義、法相疑滯的地方，在我尚未為他們說法前，便立即斷除，亦能深解法相的奧義。

願我來世成佛時的壽命無量，無有能計數者，惟除圓滿一切智慧的佛陀，菩薩的壽命也是如此。在我一念中成就無上正覺菩提後，在一念中，都有無量的菩薩，鬚髮自落，身上穿著出家的三種法衣，乃至於究竟涅槃。其中沒有一人再蓄鬚髮，身著俗家的衣裳，一切的人都身著出家的沙門服裝。」

王眾王子發出了這些微妙希有的大願之後，大眾心目中不禁充滿了讚嘆。

這時，佛陀告訴王眾王子說：「善男子！善哉！善哉！你眞是一位純善的大丈夫啊！因為你十分的聰叡善解，所以能發出如此甚難的大願，而你所作的功德，也是甚深甚深而難可思議，這眞是由於微妙智慧所成的啊！

你這位善男子，為了眾生的緣故，發出了如此弘深的大願，要擇取微妙的佛土，由於這個因緣，所以我現在為你命名為文殊師利。」

文殊菩薩

佛紀 1338

公元 794

§ 三月，般若巡禮五台山

▩ 六種震動

地震動的六種相，《大品般若經》載，依地動的方向，舉出東涌西沒、西涌東沒、南涌北沒、北涌南沒、邊涌中沒、中涌邊沒等六相。《新華嚴經》中則指出動、起、涌、震、吼、擊（搖）等。依佛典記載，當釋迦牟尼佛誕生、成道、說法或如來出現時，大地皆有六種震動。

▩ 授記

授記原本指分析數說，或用問答解體說，後來則專指有關弟子未來世證果等事的證言。

關於授記的類別，有多種說法。《首楞嚴三昧經》卷下謂有四種，即：

⑴**未發心而與授記**：有衆生往來於五道，然諸根猛利，好樂大法，故先行記其經若干劫發菩提心，乃至得菩提。

⑵**發心即與授記**：有人久植德本，修習善行，乃至發心而入菩薩位時即授記之。

⑶**密授記**：有菩薩未得授記，常精勤求菩提，乃至久行六度，有成佛之相，故於其他菩薩等之前記別此一菩薩，然不令其人知之。

⑷**現前授記**：有菩薩於一切法得無生忍，乃於一切大衆中現前授記之。

佛陀說：「善男子啊！在未來世經過了二恒河沙等無量無邊的阿僧祇劫，而進入第三個無量無邊阿僧祇劫之時，在這個世界的南方，有一個佛土世界，名爲清淨無垢寶塡世界成立，在當時此土刪提嵐世界，也攝入其中。」

這刪提嵐的世界，就是未來的娑婆世界，也就是我們地球所在的國土，在未來文殊菩薩成佛的時代裏，也將併入他的清淨無垢寶塡世界，成爲清淨的佛土，而且將不再有痛苦煩惱的產生了。

佛陀接著說：「文殊啊！在你的世界之中，有種種的莊嚴，你將成就無上正覺的佛果，稱爲普現如來，具足佛陀的十號。而一切的菩薩眾，都十分的清淨，你的大願會具足成就，就如同你所說的一般，圓滿獲得。

善男子啊！你實踐菩薩道時，會在無量億的佛陀跟前，植下各種的善根，因此一切眾生都將以你爲良藥。你的心清淨無比，能破除一切的煩惱，增長各種的善根。」

「世尊！如果我的願望都能圓滿，惟願十方無量無邊阿僧祇的世界，產生六種震動的瑞應，其中於現在說法的諸佛，也都能夠示現給我授記成佛。也祈願一切眾生，得受歡喜快樂，悅意滿足，如同菩薩證入二禪三昧時的自在遊戲。

此時天上應雨下曼陀羅華，遍滿世界，華中常出佛聲、法聲、僧聲、六波羅蜜聲及十力、四無所畏等佛陀不共之法的妙聲。

佛紀 1384

公元 840

§ 日僧圓覺至五台山

§ 日僧圓仁巡禮五台山，在菩薩堂院、中台頂龍堂、東台頂、四台頂、金閣寺、南台頂等諸堂，皆安置文殊菩薩聖像（《入唐求法巡禮行記》）

十方諸佛正廣為文殊師利授予無上正等菩提的預記

願我禮敬寶藏如來時，即示現這些印證的眾相。」

如此說完之後，文殊立即頭面著地禮拜佛陀，而十方無量無邊阿僧祇世界，同時發出六種震動的瑞應。天上果真雨下曼陀羅華，一切眾生受到了法喜悅樂，如同菩薩證入二禪三昧時的自在遊戲。而諸菩薩大眾，這時也只聽聞到佛、法、僧、六波羅蜜、十力、四無畏的微妙的聲音。

此時，在他方世界的菩薩們，對這未曾見的奇異瑞相驚異不已，於是紛紛的請問他們的本師佛陀說：「佛陀啊！什麼因緣，而有這些瑞應現象呢？」

於是諸佛各自告訴諸菩薩們說：「現在十方諸佛，正各個廣為文殊師利授與無上正等菩提的預記，所以產生了這些瑞應啊！」

此時，寶藏如來就為文殊師利宣說偈頌，文殊師利聽聞了佛陀的偈頌之後，心中十分的歡喜，就起立合掌，前禮佛足，在離佛不遠之處，安坐聽法。

佛紀 1392

公元 848

§ 於五台山建寺，度僧五十人

文殊菩薩化現種種變化身，隨應機緣來教導眾生

02 文殊菩薩教化度衆的故事

文殊菩薩發願所有的諸佛世尊，都是由他所勸發而生起無上菩提心，其廣大的利生教化的事蹟不勝枚舉，他也如同觀音菩薩一般「普門示現」，化現種種變化身，隨應機緣來教導眾生，使其趨向菩提大道。

以下分別從《薩惒檀王經》、《譬喻經》、《大淨門品經》中，摘錄出文殊菩薩的智慧、方便的教化因緣。

「文殊化爲年少身度化上金光首女的故事」是出自《大淨法門品經》，當時爲佛陀時代，文殊菩薩化爲俊貌少年度化上金光首女，使之發起無上菩提心的故事。

「薩惒檀王以身布施婆羅門爲奴的故事」出自《薩惒檀王經》，是敘述文殊菩薩聽聞薩惒檀王「一切施」的美名，凡人們有所乞求都給予布施，不會違逆。他認爲這正是度化的好機緣，因此變化爲少年婆羅門前往度化。

文殊菩薩要求國王及夫人成爲他的婢奴，而國王與夫人也爽快地答應他的要求。整個過程的發展恍惚如夢。

最後文殊菩薩爲其宣說經法，而國王與夫人聽聞文殊菩薩的教法，皆證得無生法忍，而全國人民也都發起無上的菩提心。

「文殊菩薩度化不眠王的故事」則出自於《譬喻經》，

文殊菩薩

佛紀 1393

公元 849

§ 三月，日本興福寺造文殊像四十尊，寫《金剛壽命經》四十卷

在《大淨法門品經》中，文殊化為少年度化金光首女

是敘述從前有一位國王，白天、夜晚都不睡覺，而且要其身旁的守護也不可以睡著，如果睡著了便將之殺害。

國王前後已殺害了四百九十九人，輪到一位長者的兒子入宮，有一少年則代替長者之子入宮，教化國王的故事。

而此少年即是文殊菩薩，不眠王則是釋迦牟尼佛的過去生之一，這是文殊菩薩教化不眠王的故事。

文殊化為年少身度化上金光首女的故事

佛陀遊歷王舍城時，城中有一位散逸的女人，名爲上金光首，她的容貌端正殊妙，皮膚呈現紫磨金色。國王、太子、大臣、長者等看見她都不禁興起愛染之心，男女老少到處跟藉著她的腳步。

有一天，上金光首女與畏聞長者之子至市集採買物品，以相貢上供辦美食，共同到觀園。

就在同時，文殊師利菩薩閒居出遊，觀察眾生是否有可以勸化令發起菩提心的機緣。

文殊菩薩看見上金光首與畏聞長者之子共乘載一車，心想這是度化的好機緣。

不久，文殊菩薩變化身爲少年，容顏端正面貌絕妙勝過天人，看見他的人都不禁生起喜悅之心；他的被服光明巍巍照耀四十里。

文殊菩薩觀察上金光首女出遊的路徑，然後現身在他們

Mañjuśrī

文殊菩薩

佛紀 1401

公元 857

§ 唐宣宗時，重建東大殿

文殊菩薩

面前，長者之子及上金光首女的被服，與文殊菩薩的被服相比較，猶如聚墨在明珠之旁。

上金光首女見到文殊菩薩顏貌英妙猶如天子一般，身上的光明煒煒難以企及，心中貪染他的光明耀眼的被服心想：「我現在捨此長者之子，下車去與那男子相遊娛樂，想辦法讓他送我那件被服。」

這個念頭才生起，文殊菩薩發揮威神力令她息止這樣的心意，使令天王化作一男子，告訴上金光首：「且慢且慢，妳不必生起這樣的心念，因為那男子不會為美色的所擾。」

上金光首女說：「為什麼呢？」

天王回答說：「這男子名為文殊師利菩薩，見到眾生心有所需求索取，從來不違逆人們的心意。菩薩是能滿足一切眾人的心願。」

上金光首女心中想著：「果真如此，那麼他應會施予我那件殊妙美好的被服。」

便下車直接對文殊菩薩說：「仁者，祈願您能以此被服惠施於我。」

文殊菩薩回答說：「大姊，您若能發起無上正真道意，我便將被服惠贈與您。」

上金光首女便一口答應，而發心、歸依，奉持五戒。

佛紀 1447

公元 903

§ 智江入五台山梨園寺受戒

在《薩和檀王經》中，文殊化現少年婆羅門度化薩和檀王

薩恕檀王以身布施婆羅門為奴的故事

往昔有一位國王，號爲薩恕檀，他是一位善於布施的國王，當人們有所求索，他從不拒絕任何人的要求，因而國王布施的美名傳聞八方。

文殊菩薩聽聞其名想前往試探他，於是化身爲年少的婆羅門，從異國來拜詣國王。國王甚爲歡喜，立即出來奉迎問訊，問少年婆羅門從何方來。

婆羅門說：「因爲聽聞國王布施功德的美名，所以特地前來相見，有所請求。」

國王說：「太好了！您心中有何需求，請直接明說，請不要猶疑。」

婆羅門說：「我想請求國王與王后成爲我的奴婢。」

國王聽了甚爲喜悅的回答：「太好了，您對於我的要求，我一定可以答應您，我願意成爲您的奴使；但是夫人是大國王之女，我要詢求她的意向。」

這時，國王隨即入內告訴夫人少年婆羅門的要求，夫人聽完後便立即隨著國王出來。自己告訴婆羅門說：「我願意以此身供給道人奴役。」

婆羅門說：「你要如同奴婢一般跟隨著我，要打著赤腳不可穿鞋。」國王與夫人答應其所求，便如同奴婢般跟隨著少年婆羅門離開了。

Mañjuśrī

文殊菩薩

佛紀 1457

公元 913

§ 恆超受戒於五台山

在《薩恕檀王經》中善於布施的國王與夫人以王身為婆羅門（文殊所化現）的奴婢

於是文殊菩薩又化成國王與夫人的樣貌，如往常一般領理著國事。

夫人由於長年生處於深宮中，不習慣勤苦勞動之事，又因爲已經懷妊數個月，步隨著大家，舉身都是痛處，而且腳底也磨傷破皮，以致不能前進而疲極在後。

這時，婆羅門便回頭罵他說：「你現在是爲奴婢，應當遵守奴婢之法，行爲不可以像從前一般作爲。」

夫人便下跪回答說：「不敢懈慢。」但因爲過於疲憊而止住前進了，婆羅門催促其迅疾跟隨他前往國市。到了國市，將國王與夫人分別賣給不同的主人，二人相距數里之遠。

當時，有一位長者買了國王爲奴隸，役使他守著房舍，倘若有人於此地埋死人，便令他徵收其稅，否則不得以妄動。

而夫人則歸屬於一戶大家爲奴婢，大家夫人早晨、夜晚都令其勞作，不能稍作鬆懈休息。就這樣過了幾個月，後來奴婢產下一個男孩，夫人看了很生氣地說：「你這個當奴婢的人，哪來的小孩！」便教人將男孩兒殺了，將之埋葬處置。

奴婢傷心至極，便前往國王爲奴使的處所相會。二人相見也沒有互相抱怨或說辛勞之事，只是平心靜氣地閒聊著。

一會兒之後，這些景況恍若如夢一般。國王仍然如同以

佛紀 1471

公元 927

§ 日僧寬建為巡禮五台山，入後唐福州

文殊菩薩變化為少年度化不眠王

往一般在正殿端坐著，宮中的一切都一如從前，而夫人所生的太子自然也活著。

國王及夫人內心納悶著，這是什麼因緣會如此呢？

這時，文殊師利在虛空中乘坐著寶蓮華，現圓滿色相身讚嘆說：「善哉！你們的布施心意是如此的至誠。」

國王與夫人聽了踊躍歡喜即向前作禮，文殊師利便爲他們宣說經法，此時，三千剎土全部爲之震動，全國的人民悉皆發起無上正眞道意，國王與夫人也同時都證得無生法忍。

文殊菩薩度化不眠王的故事

往昔，有一位國王，晝夜都不寐睡，而且身旁的護衛如果睡著了，便將之殺害，因此國王前後已經殺了四百九十九人。

有一次，一位長者之子當輪值成爲國王的護衛，全家人都啼哭著送他出門。

當時有一少年見了便詢問說：「爲何如此啼哭呢？」那家人便將所有的情形告訴少年。

少年便告訴他們：「如果你能雇用我，我便可以替他入於宮中。」長者聽了非常高興，就贈與他黃金千兩而遣送他入宮中去了。

國王看了說：「爲什麼是你來呢？」

少年說：「我是代替長者之子來的。」

Mañjuśrī

文殊菩薩

佛紀 1524

公元 980

一月，五台山的十寺重修，芳潤任十寺僧正

西藏喇嘛迦當派開祖阿底峽出生於印度

化身教化眾生的文殊菩薩

國王說：「好，那麼你小心不要睡著了，否則我會殺掉你。」

一會兒國王看見少年睡著了，便要殺害他。問少年說：「你爲何睡著了？」

少年說：「我沒有睡啊！我是在思索事情罷了！」

國王說：「你在思索什麼呢？」

少年說：「我在思索作一個一公升的容器，是否可以裝容兩個公升的物品；一公升裝沙，另一公升裝水。」

國王實驗之後，果真如此，而少年又睡著了，國王便要殺害他，少年又說他在思索事情。

國王說：「這次又再想什麼？」

少年說：「挖一個一尺的坑，然後拿挖起的土將之塡回，卻不滿八寸。」

國王又派人如此實驗一番，結果如其所說，而少年又伏地便睡了，國王又想將之殺害，問：「你爲何又睡著了？」

少年說：「我在思索事情，如果國王赦免我的罪，我便告訴你原委。」

國王說：「你說吧！」

少年說：「其實國王你就是鬼。」說完便離開了。

國王思惟著：「此人爲何呼喚我爲鬼呢？」

便啓問他的母親，他的母親說：「你眞的是鬼所投胎的，因爲我懷孕時，晚上夢見鬼與我相會，後來便生下你

Mañjuśrī

文殊菩薩

佛紀 1547

公元 1003

§ 八月，寂照入宋，巡禮五台山，受託贈送源信「天台疑問二十七修」與明州延慶寺僧知禮

文殊師利菩薩 . 明朝（1403~1424 年） 銅鎏金　高 18.5 厘米

了。」

之後，國王悔過爲善，修學向道，寐睡時他不殺人了。

佛紀 1789

公元 1245

§ 印簡於五台山祝國祈禱

五台山圖部分　敦煌第 61 窟　西壁南側　（五代）

第四章　文殊菩薩的淨土世界

三世佛文殊菩薩，成就廣大莊嚴的過去、現在、未來淨土，其功德威力廣大不可思議。

莊嚴淨土願與眾生成佛願，是菩薩行的根本。菩薩在因地修行時，心心念念就是要度化一切眾生成佛與莊嚴圓滿淨土。菩薩願將種種世界中的殊勝清淨，綜攝成爲究極清淨、勝妙圓滿的光明莊嚴國土，窮盡時劫完整體現，這是菩薩成佛的正因。

而佛陀所度化的眾生，皆是與他有因緣的眾生，所以佛陀不可能在因緣不恰當的世界示現，他示現的地方一定是與他有緣的眾生同住。

三世佛的文殊菩薩，於過去、現在、未來、均已成佛，成就廣大莊嚴淨土，其功德威力廣大不可思議。依其因緣相應所現，而有過去淨土、現在淨土、未來淨土及娑婆世界的淨土等不同的淨土世界。

佛紀 1841

公元 1297

§ 一月，建立五台山大萬佑國寺，文才住該寺，贈金印，及「真覺大師」號

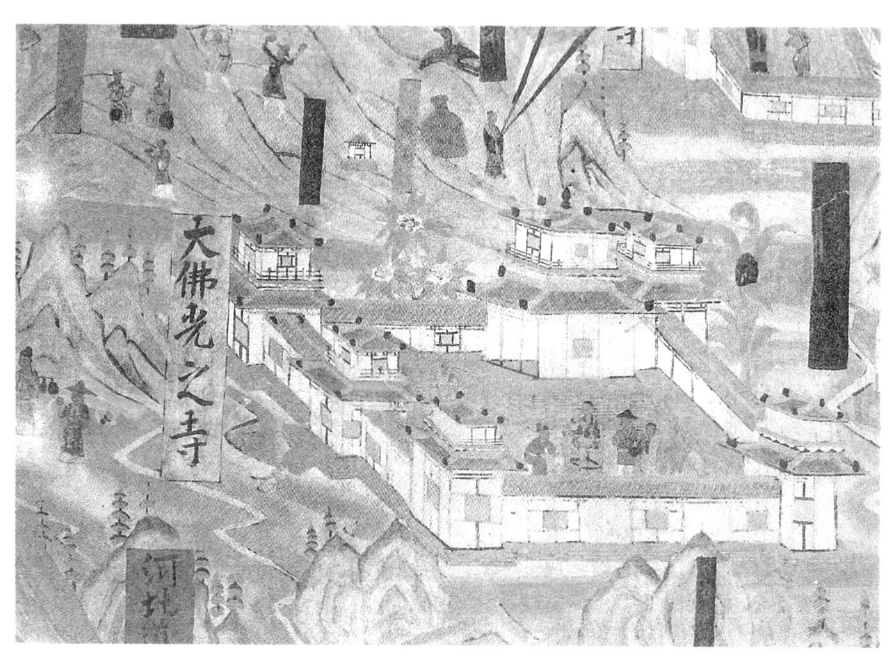

五台山圖部分　敦煌第 61 窟　西壁北側　壁畫　（五代）

01 文殊菩薩的過去淨土

依據經典的記載，文殊菩薩的過去淨土有：空寂世界、無礙世界、平等世界等。

文殊菩薩在過去久遠的時劫中早已成佛，其佛號有被稱爲「龍種上佛」，又稱「大身佛」或是「神仙佛」，爲了攝受有緣的菩薩眾生而成就的佛國淨土，可稱爲過去淨土。

空寂世界

在《菩薩瓔珞經》卷四記載：「過去無數阿僧祇劫有佛，名大身如來、至眞、等正覺、明行成、爲善逝、世間解、無上士、道法御、天人師、號佛、世尊，剎名空寂，正於此處成無上等正覺，與四部眾說微妙法四賢聖諦，廣化眾生皆令至無餘泥洹界而取滅度。……爾時大身如來今文殊師利是。」

依《菩薩瓔珞經》的記載：在過去無數阿僧祇劫有一位名爲大身如來的佛陀，其國土名爲空寂世界。大身如來在此世界成就無上正等正覺，爲四部眾宣說微妙勝法，廣度教化眾生成證佛果。這位過去佛——大身如來即是文殊菩薩，其所成就的過去淨土即是：空寂世界。

佛紀 1923

公元 1379

§ 五月，重塑蘇州報恩萬壽歲教寺之釋迦佛臥像、文殊像

五台山圖部分　敦煌第 61 窟　西壁南側　大清涼寺　壁畫　（五代）

無礙世界

又《菩薩處胎經》〈文殊身變化品〉中偈云：「本爲能仁師，今乃爲弟子，佛道極廣大，清淨無增減。我欲現佛身，二尊不並立。此界現受教，我剎見佛身，此剎有劫燒，我土無壞敗。佛力悉周遍，眾生心非一，眾會聽我說，除此更有餘。佛剎名無礙，佛名升仙尊，國土倍復倍，清淨無瑕穢，國城皆七寶，水精琉璃地。八解甘露池，洗浴去塵垢，令住無礙處，豁然延大明。彼升仙佛者，勿謂爲異人，眾會欲知者，我身濡首是。」

依《菩薩處胎經》記載：這無礙佛土的佛陀名爲升仙佛，而升仙佛即是濡首（濡首是文殊的名號之一）。無礙世界也是文殊菩薩過去成佛的淨土之一。

無礙佛土世界清淨無有污穢，七寶端嚴莊飾國土境地，八功德水去除其國土中居民的塵垢，令得安住無礙解脫的處所。其淨土的人民身長千由旬，佛身萬由旬，其佛土東、西、南、北四維上下，無量無限不可稱計，非算師與算師弟子所能籌量的。

平等世界

在《首楞嚴三昧經》卷下云：「過去久遠無量無邊不可思議阿僧祇劫，爾時，有佛號龍種上如來、應供、正遍知、

佛紀 1955

公元 1411

§ 四月，成祖製「聖妙吉祥真實名經序」

五台山圖部分　敦煌第 61 窟　西壁南側　大清涼寺壁畫　（五代）

明行足、善逝、世間解、無上士、調御丈夫、天人師、佛世尊，於此世界南方過於千佛國土，國名平等。無有山河沙礫瓦石、丘陵、堆阜，地平如掌，生柔軟草如迦陵伽。龍種上佛於彼世界得阿耨多羅三藐三菩提，初轉法輪，教化成就七十億數諸菩薩眾，八十億人成阿羅漢，九萬六千人住辟支佛因緣法中，其後續有無量聲聞僧。」（略）

「龍種上佛壽命四百四十萬歲，度天人已入於涅槃，散身舍利流布天下，起三十六億塔眾生供養，其佛滅後法住十萬歲。……爾時，平等世界龍種上佛豈異人乎？勿生此疑。所以者何？即文殊師利法王子是。」

依據《首楞嚴三昧經》記載，過去久遠無量無邊不可思議阿僧祇劫，有一位名爲龍種上如來的佛陀，其淨土世界名爲平等世界，其國土地平坦如掌，沒有山河沙礫瓦石。龍種上如來在此世界得證無上菩提，初轉法輪教化無數眾生。

龍種上如來成就的平等世界即是文殊菩薩過去成佛時的佛國淨土。

以上空寂世界、無礙世界、平等世界三者爲文殊菩薩過去成佛時，所示現的淨土世界。

佛紀 2036

公元 1492

§ 明朝重修五台山羅睺寺

五台山圖部分　敦煌第 61 窟　西壁北側　壁畫　（五代）

02 文殊菩薩的現在淨土

在《央掘摩羅經》卷四中記載說：「爾時世尊告波斯匿王言，北方去此過四十二恒河沙剎，有國名常喜，佛名歡喜藏摩尼寶積如來、應供、等正覺，在世教化。彼土無有聲聞緣覺，純一大乘無餘乘名，亦無老病眾苦之名，純一快樂壽命無量，光明無量無有譬類，故國名常喜，佛名歡喜藏摩尼寶積如來、供應、等正覺。王當隨喜合掌恭敬，彼如來者豈異人乎？文殊師利即是彼佛。」

在佛陀的時代，距離娑婆世界北方四十二恒河沙佛土，有一個常喜世界，那兒的佛陀名爲歡喜藏摩尼寶積如來。

其淨土上的居民純一色都是大乘菩薩眾，有聲聞、緣覺眾，也沒老、病、死亡的痛苦，壽命無量，光明無量，純粹是快樂的國度，所以名爲常喜世界。

這個常喜淨土即是文殊菩薩，現在於他方世界爲歡喜藏摩尼寶積如來的淨土世界。

佛紀 2136

公元 1592

§ 觀衡於五台山圓照寺得度

五台山圖部分　敦煌第 61 窟　西壁北側　壁畫　（五代）

03 文殊菩薩的未來淨土

文殊菩薩也是未來佛，他的佛名爲普見如來或稱普現如來，他的淨土世界在南方世界離垢清淨世界，或稱爲無垢世界，或名爲清淨無垢寶眞世界，或稱隨願積集清淨圓滿世界。

我們從《大寶積經》〈文殊師利授記會〉中，即可了知文殊菩薩未來淨土的種種莊嚴。

當文殊菩薩未來成佛時，其所現的淨土，是以恒河沙等諸佛世界爲一佛剎，無量妙寶間錯莊嚴，此時我們所居住的娑婆世界，亦在他的淨土世界之中。

若將文殊菩薩所得佛剎功德莊嚴，與阿彌陀佛淨土相比，則譬如將一根頭髮拔起，剪成一百份，以百分之一分的頭髮去沾一滴海水，此一滴海水的功德等於阿彌陀佛淨土世界的莊嚴功德，而這大海水的功德等於普見如來佛土世界的功德。可見其佛土功德莊嚴不可思議。

又此淨土世界爲積集無量殊妙珍寶所構成，且以無量摩尼妙寶間錯莊嚴，爲十方世界所未曾有，甚爲難得希有，其摩尼寶石之名以俱胝歲來宣說亦不能窮盡，不僅隨菩薩所樂見而示現，而且各個隨著所見皆不相互妨礙。

又此淨土中，有大小正等於十大千世界的菩提樹，菩提

佛紀 2201

公元 1657

§ 四月，修復清涼山

五台山圖部分　敦煌第 61 窟　西壁南側　河東道山門　壁畫　（五代）

樹的光明遍照淨土世界，文殊師利菩薩坐此菩提樹下，成證阿耨多羅三藐三菩提，乃至涅槃的果地境界，於其中間不起此座。

又在此淨土世界，不以日月、摩尼、星、火等光明，爲其所照見的光明，而是其國土的菩薩們，皆以自身的光明遍照於千億那由他的世界。

此淨土世界以花的開放爲白天，花的閉闔爲夜晚，隨著諸菩薩的意樂時節而相應之。但是沒有寒暑及老、病、死的現象。

在此淨土世界沒有女人的名字，純粹是菩薩眾遍滿此淨土，除了如來變化所現之外，沒聲聞、辟支佛等名。

菩薩剛剛出生的時候，袈裟自然隨體，結跏趺雙盤而坐，忽然而現出。

如同阿彌陀的極樂世界是以法喜爲飲食，此淨土菩薩初生時，生起飲食的念頭時，即使各種百味盈滿於右手的鉢中。

初出生的時候，所必須的衣服，於手中便能隨意而出現種種衣寶，鮮潔稱體應沙門服。

又此佛剎淨土中，遠離八難及不善法，既無過咎亦無禁戒，沒有苦惱諸不悅意，虛空中時常示現百千種樂音，發出諸波羅蜜佛法僧的音聲，及菩薩藏法門的音聲，隨著諸菩薩所體解的妙法，全部都得聽聞。

五台山圖部分　敦煌第 61 窟　西壁北側　壁畫　（五代）

又此佛刹淨土，普見如來壽量劫數，如以三千大千世界微塵數劫比較之，則百分、千分、百千億分乃至算數譬喻所不能及，由此可知普見如來的壽命，無有算數亦無有限量。

其間所居住菩薩眾的數量，無可比擬，不是算數思議之所能及的，若以一斛油麻，舉取一粒，可以比喻爲阿彌陀佛極樂世界聲聞菩薩；其餘沒有舉出者，比喻文殊師利得菩提時的菩薩眾會，亦復超過此數。

可見文殊菩薩未來淨土所成就的功德莊嚴，極其不可思議，非我們凡夫二乘聖者、菩薩大眾所能了知的。

文殊菩薩的人間淨土——五台山

04 文殊菩薩的人間淨土——五台山

文殊菩薩爲了度化眾生，常遊化十方佛土，所以一定有其處所，得以教化那個地方的有緣眾生。

在娑婆世界中，每一位菩薩爲了教化眾生，也都有其相應因緣居住的地方，如觀音菩薩的補陀落伽山，普賢菩薩的峨嵋山，地藏菩薩的九華山一樣，而文殊菩薩在我們娑婆世界的淨土即是五台山。

五台山與普陀山、峨嵋山、九華山合稱中國佛教的四大名山。「五台山尤以山闢最早，境地最幽，靈貺最赫，故得名獨盛。」千百年來，五台山一直被奉爲魁首。

文殊淨土在人間的位置即位於中國山西省五台縣東北，爲五台山脈的主峰，山勢雄偉，五峰聳立，峰頂平緩如台，因此得名。又因爲山中氣候清涼宜人，盛夏也不炎熱，所以又名爲清涼山。

五台山的五台分別爲：東臺望海峰，又稱無恤臺、常山頂。西臺掛月峰，又稱薈蘷山，上有泉群山。南臺錦繡峰，又稱繫舟山。北臺叶斗峰，又稱夏屋山、覆宿堙。中臺即翠巖峰。五峰皆由中峰發脈，而以北峰最高，海拔 3,061 米，素來有「華北屋脊」之稱。

在很多經典中，都記述著文殊菩薩居住於中國的五台

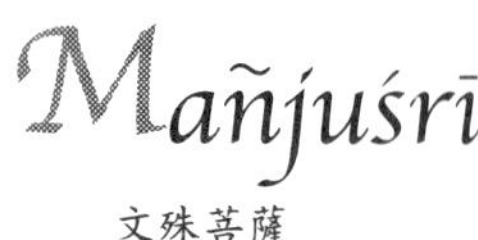

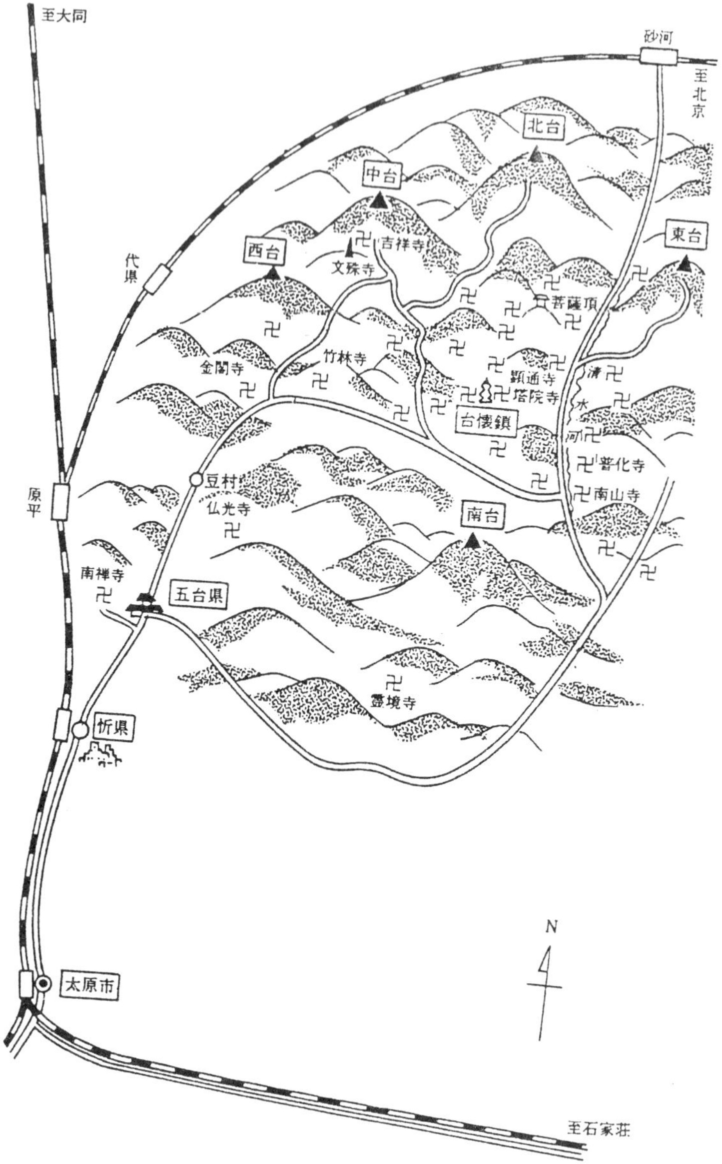
至大同
砂河
至北京
北台
中台
東台
西台
吉祥寺
文殊寺
代県
菩薩頂
竹林寺
金閣寺
顯通寺
塔院寺
清水河
台懐鎮
普化寺
豆村
原平
仏光寺
南山寺
南台
南禅寺
五台県
霊境寺
忻県
太原市
N
至石家莊

五台山地圖

山，如：《華嚴經》〈菩薩住處品〉及《寶藏陀羅尼經》等。

佛陀在《文殊師利法寶藏陀羅尼經》中告訴金剛密跡主菩薩說：「我（佛）滅度後，於此贍部洲東北方，有國名大振那，其國中有山，號曰五頂，文殊師利童子遊行居住，爲諸眾生於中說法。」

而《華嚴經》〈菩薩住處品〉也宣說文殊菩薩住於東北方的清涼山，領導著一萬名大菩薩精進修行。

〈彰所知論〉中也說：「東有五峰，文殊菩薩居止其上。」

《清涼山志》卷一中說：「東震旦國，清涼山者，乃曼殊大士之化宇也，亦名五台山。以歲積堅冰，夏仍飛雪，曾無炎暑，故曰清涼。五峰聳出，頂無林木，有如壘土之台，故曰五台。」

在漢代之前的中國，佛法尚未傳入漢地，所以關於五台山是文殊菩薩的聖境，當然鮮少有人聽聞。當時五台山五百里內林木茂密，老虎、豹等猛獸縱橫其間，而五台山峰渺無路徑，人跡罕至。然而住在附近平原的農夫們，每每遠眺五峰之時，都看到祥光煥發，神燈夜流，因此他們都傳說此地是神仙所居的地方。

而且自古相傳，山中有仙人居住，仙人頭髮結成五髻，身披三衣，有時獨自一人，有時一群童子相隨，遊行在五峰

五台山在密意上是文殊菩薩自身，也是金剛峰頂

山頂之上。遠望時可是十分清楚，然而一走近，所見之相就忽然消失了。因此農夫們都以爲他們是素衣仙人。

在中國晉朝的時候，趙無恤曾看經看到紫雲瑞相，因而登上五台山一探究竟，結果竟然看到了一位神仙，身穿素衣，容貌若紫金，十分的莊嚴。之後翻閱了《文殊寶藏經》，才知道這位五髻的童子，即是文殊菩薩的幻化。

另外，傳說佛陀的親子，亦即密行第一的羅睺羅尊者，也曾化跡在五台山上。所以在五台山上有一首「贊肉身羅睺」的詩：「

羅睺尊者化身來，十二年中在母胎。
昔日王宮修密行，今時凡室作嬰孩。
瑞嚴肉髻同千聖，相好眞容現五台。
能與眾生無限福，世人咸共捨珍財。

而佛陀的眞身舍利更在無憂王時，就傳說已在此建立舍利塔。所以五台山上有阿育王塔，其讚誦爲：「

如來眞塔育王明，分布閻浮八萬城。
震旦五峰添聖化，滿朝七日放光明。
雲霄感得樓台觀，寶剎標題善住名。
無限梵香諸道俗，龍華三會必同住。」

由此可見，五台山聖地也是佛陀眞身與諸聖者所歡喜之地。五台山在密義上，可以說是文殊菩薩自身，五台山的密意也是金剛峰頂，亦是五方佛的淨土。這也是文殊菩薩頂上

五台山圖部分　敦煌第 61 窟　西壁中央　大建安寺　（五代）

現起五髻五智的標幟，同時亦表徵大智文殊菩薩具足如來五眼，圓證三世諸佛的究竟。

而隋文帝更曾感應下詔在五台山的五峰山頂上建寺，供奉五種文殊的化身，即：

東台—望海寺—聰明文殊菩薩

南台—普濟寺—智慧文殊菩薩

西台—法雷寺—獅子文殊菩薩

北台—靈應寺—無垢文殊菩薩

中台—演教寺—孺童文殊菩薩

這些寺院恒年獻祭至今不絕。

《清涼山志》記載，東漢明帝時，已有迦葉摩騰來到此地建立靈鷲寺，而且自北魏文帝遊歷中台，創建大孚圖靈鷲後，即佛寺林立。

在盛唐時期，五峰內外多達三百餘間的寺院，至今所遺留下來的約存一百餘寺。其中以大佛光寺與顯通寺的無樑殿、銅殿著稱於世。羅睺寺、清涼寺、金閣寺、北山寺、望海寺、大文殊寺亦頗為著名。

五台山佛教歷史悠久，歷經各個朝代的建造寺廟，屢經修建擴建，形成一片宏大規模的古建築群。佛寺最盛時有三百多所，僧侶達萬餘人。

目前，據說金工尚有寺廟七十六座，殿堂樓閣五千六百三十八間。其中六十三所寺廟，存有大小佛像三萬四千一百

■ 相輪

佛塔建築中，「平頭」以上的輪盤形建築。又作承露盤、露盤、輪蓋。相傳本為印度塔的形式。露盤的基部（底端），為半圓球狀的覆鉢，與原來的塔身相當。其上的「請花」（又稱受花）為塔身頂上的平頭，平頭之上有傘蓋，累增其數。

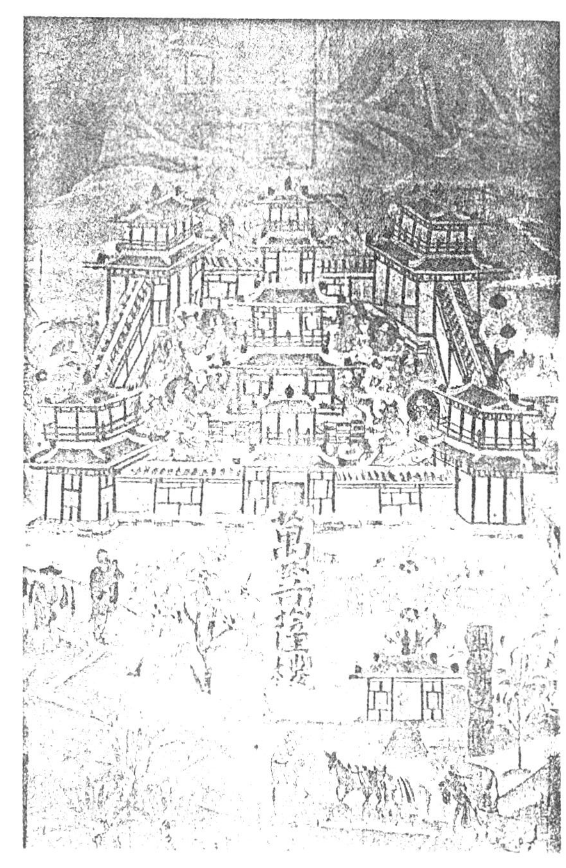

歷代高僧大德，常以五台山為朝謁文殊菩薩的聖地

零八尊。（資料來源：《四大名山》）

這些古寺廟的建築壯麗巍峨，各種雕刻十分精美，寺內保存有十餘萬幅、尊彩畫塑像和大量的佛教歷史文物。

「菩薩頂」在五台山的靈鷲峯山，相傳文殊菩薩曾住於此，故又名為眞容院、文殊寺。

「大累頂」的寺廟規模不大，但是其殿內供奉五台頂所供不同的形象的文殊菩薩五尊，朝拜這五尊文殊像等於朝拜五個台頂的文殊菩薩。

歷代以來，許多修行人皆在五台山成就，來自印度、西藏的朝禮者更是絡繹不絕，文殊菩薩化現聖跡更不可計數。

與五台山相關的有名僧人相當多，如：不空三藏在五台山建立金閣寺、玉華寺等，成為密教中心。法照建立竹林寺，修習念佛三昧；日僧圓仁承其教法，傳至比叡山，是為引聲念佛的開始。

澄觀曾於大華嚴寺者《華嚴經疏》。日本的入唐僧、入宋僧至此參訪者頗多。又如高麗的慈藏、罽賓的佛陀波利等僧人，都曾經來此登山參訪。元代成宗皇太后嘗建大萬聖佑國寺，並重修五臺諸寺。八思巴亦曾進駐於此。

明朝萬曆年間，重修大塔院寺，建護國釋迦文佛舍利塔，塔臺上築有球形的塔身，上面安置十三級的相輪，塔高二十七丈，周圍二十五丈，為西藏式喇嘛塔，是山中最為壯觀的地方。

文殊菩薩

文殊師利菩薩

清康熙以後，歷代皇帝行幸不絕，捐資營修，滿蒙的佛教徒亦常至此巡塔，活佛亦屢次巡駐。

歷代的高僧大德，常以五台山為朝謁文殊菩薩的聖地，或有至心虔誠不畏艱難者，感得文殊菩薩顯應，其歷輩所記載，皆錄於《清涼山志》卷四〈五台山顯應錄〉中。

而近代最著名的朝聖者，應屬虛雲老和尚，他為了報答母恩，由補陀山三步一頂禮，朝禮聖山至文殊聖地五台山，歷時三年有餘，途中曾經生病且為大雪所困，但由於他至心堅毅，不畏苦難，終於感得文殊菩薩化現的文吉居士，幫助虛雲老和尚度過病危，脫離為大雪所困的境況，這才得以順利朝禮文殊菩薩的化土——五台山。

第二部

祈請文殊菩薩的守護

代表諸佛最深刻智慧的文殊菩薩，隨應機緣變化種種化身，施行廣大慈悲智慧的救度。

智慧守護主——文殊菩薩

第一章　如何祈請文殊的守護

文殊菩薩護佑加持之力不可思議，如果我們一心祈請、稱誦文殊菩薩聖號，便能超脫數劫障礙，開啓俱生智慧，圓滿一切心願，證得佛果境地。

據《文殊師利般涅槃經》記載，若有眾生只要聽聞文殊師利菩薩的名字，便能卻除十二億劫的生死罪業；若是禮拜供養文殊菩薩者，生生世世都能出生於能接觸佛法的家庭。

如果未能得見文殊菩薩者，誦持《首楞嚴經》或稱誦文殊菩薩的聖號，則一天到七天，文殊菩薩必會來到此人的處所，假若因爲宿習業障而未能見到文殊菩薩，則能在夢中得見。

而出生於文殊菩薩滅度後的一切眾生，其中有聽聞文殊菩薩的聖號，或是看見其形象的人，於百千劫中都不會墮入惡道；若有誦讀受持文殊菩薩名號的人，如果有重大障礙也不會墮於阿鼻地獄，而能出生於他方清淨國土，能聽聞學習佛法而得證無生法忍。

修持文殊菩薩的功德眞是不可思議，一心稱誦文殊菩薩的聖號，便能超脫數劫的障礙。因此，我們一心祈請文殊菩薩，與其大智慧、大悲心相應，並修持其法門，其護佑加持之力，必然廣大不可思議。

01 文殊菩薩的每日修持法

每日虔誠修持文殊菩薩的法門中，能使我們蒙受文殊菩薩智慧光明的加持與護佑，幫助我們遠離愚癡無明的黑暗，開啓我們本來具足的智慧光明善根，讓我們變得更加靈巧、記憶力增強，更爲廣博多博，獲得無礙的辯才成就如同文殊菩薩一般。

因此，對於想要開顯智慧、考取功名，求得世間的事業成就，修持文殊菩薩是一個良好的選擇。

關於修習的時間，我們可以在每天清晨醒來、盥洗之後，選擇任何合宜的時間，合宜的處所，如家中有佛堂便在佛堂修持，或者尋找一個比較安靜的地方，讓我們以清淨的身心，來練習祈請文殊菩薩相應、守護的方法。

練習之前，我們可以先蒐集文殊菩薩的各種殊妙端嚴的法相，然後再挑選其中自己最喜愛、相應的文殊菩薩莊嚴法相。如果家中有佛堂，則將法相恭置於案桌上；如果沒有佛堂，則恭置於一清淨高處；如果想外出時也能夠方便修持，則可將法相縮小，隨身攜帶出門。

1. 當我們安置好莊嚴的文殊菩薩法相後，於法相前，讓我們雙手合掌，恭敬禮拜文殊菩薩。

2. 清楚地觀察並思惟文殊菩薩的慈悲、智慧及其種種殊

勝的功德事業，然後將其莊嚴圓滿的身相及偉大功德，全部都明晰地烙印於我們自心當中。

3.想像從文殊菩薩的心中，放射出無盡無量的光明，如彩虹般無實、如水晶般通透溫潤的光明，溫暖注照著我們。

我們身心一切的障礙、煩惱、疑惑、無知、無明都完全在文殊菩薩慈悲、智慧的光明當中消融了。頓時，我們的身體、語言、心意都清淨了，慈悲、智慧與福德都自然地不斷的增長。

4.我們合掌或是手結文殊菩薩的手印，稱念「南無文殊菩薩」，或是誦持文殊菩薩的眞言至少一百零八遍以上，愈多愈好。

當我們持咒完要散印時，可從頂上散印，或將手印收至心輪。平時在心中亦可默念誦持佛號，文殊菩薩的加持佑護功德不可思議。

練習完再將修法的功德迴向，祈求一切法界現成廣大圓滿。迴向功德於文殊菩薩，由於文殊的廣大加持，這也是自身加持自身，一切現成為文殊菩薩。

迴向眾生皆能圓滿成佛，迴向修證功德悉皆圓滿，迴向國家……，迴向自己的祈願。

簡易的文殊菩薩本尊觀

除了以上一般性的修法外，亦可修習以下簡易的文殊菩薩本尊觀法（摘自《密宗占卜法》）。

修習時首先觀空。

於虛空中，生起一朵青色的千瓣蓮花，蓮花上，生起一個潔淨明亮的月輪。

在月輪上，生起一個文殊師利菩薩的種子字—（dhi）。觀想此種子字爲黃色；這黃色不是檸檬黃而是略帶橙色的黃色。

觀想此種子字放光，變成文殊師利菩薩。

文殊菩薩一面二臂，身黃色（同種子字的顏色）。菩薩結跏趺座，坐於月輪上。背後有一個紅色日輪。

他頭戴著五佛冠。通身嚴飾，如花鬘、臂環、手釧、足鐲等。三串瓔珞，第一串繞頸，第二串繞胸，第三串繞臍。

他穿綢裙，身披著綵帶。呈現十六歲童子相。

菩薩右手持劍，劍尖噴射智慧火焰，左手拈著一朵烏巴拉花，花上有《般若經》。

從菩薩的心輪，放射出一道明亮的黃光，照射著修習者的心輪。

儘可能觀想清楚文殊菩薩的樣貌，但要緊的是，將菩薩心輪所放射的光明，觀想得清晰明亮，愈明亮愈好。接著誦持文殊菩薩的咒語。

ཨོཾ་	ཨ་	ར་	པ་	ཙ་	ན་	དྷཱིཿ
Om	Ah	Ra	Pa	Tsa	Na	Dhi
嗡	阿	喇	巴	乍	拿	滴

02 生活中如何修持文殊菩薩

當我們隨學於文殊菩薩，除了在特定的時間、地點學習，更可以將之落實在生活中，在生活中實踐如文殊般的行持。

以下的一些建議、方法，將幫助我們在生活中實踐文殊的菩薩行。

1. 當我們清晨醒覺時，覺起時的一念即爲文殊菩薩。

2. 對於文殊菩薩生起無上的信心，不單只是心心憶念文殊菩薩，更深信文殊菩薩大悲心切，念念都在護念著我們。

3. 當我們修學文殊菩薩時，我們所生活的世界即宛如文殊淨土，我們週遭一切親人、朋友、同事等即同爲文殊淨土的賢聖眾。

4. 在行、住、坐、臥、行動及語言時，隨時隨地都能相續不斷的憶念文殊師利菩薩。一切歷緣對事，都能以文殊菩薩的心念來善巧觀察一切，完全與文殊菩薩相應一如，成爲文殊菩薩的使者。

5. 日常生活中的任何行止，都試著以文殊菩薩的觀點來實踐。在這樣的練習中修學者爲了提醒自己，可以隨身攜帶文殊菩薩的佛卡，隨時提醒自己依文殊菩薩的行徑來思惟、處理。

在卡片背後並寫下與文殊菩薩的相關經句或是修行偈誦，幫助我們日常恆修文殊法門。

6. 恆常書寫、供養、布施、諦聽、閱讀、受詩、廣說、諷誦、思惟、修習文殊菩薩相關經典。

7. 應當將一切所行，會歸於文殊菩薩的廣大悲願，學習如同文殊菩薩發起菩提勝願，所行功德圓滿迴向文殊菩薩的大悲大願。

在日常中能夠實踐文殊菩薩的行持，日後必能念念與文殊菩薩相契相應，以下的生活正行檢證表，望能幫助你實踐文殊菩薩行的生活。

修持文殊菩薩生活正行檢證表

請將此表自行於日常生活中時時檢證，有實踐者可打「○」，若無實踐者可打「×」。

(　) 是否在清晨覺醒，覺起一念即爲文殊菩薩？

(　) 是否能生起對文殊菩薩的無上信心，不只心心憶念，更能深信其大悲心切，護念於我，念念念我？

(　) 是否能了知娑婆世界的一切眾生，及與我們相處的家人、親友、同事，在體性上與文殊淨土的聖眾相同？

(　) 是否能由如幻的現觀中，使我們所生活的世界宛如文殊淨土？

（　）是否能現觀週遭的一切眾生成為淨土賢聖眾？

（　）是否在日常生活的行、住、坐、臥、行為及語言時，都能相續不斷憶念文殊菩薩？

（　）身心能恆常安住於文殊淨土之中，並將一切所行功德資糧，迴向於往生文殊淨土？

在日常生活中，如果我們遇到困難之事，需要思惟處理時，是否能夠觀想思惟：

（　）如果文殊菩薩遇此事會如何處理？

（　）是否恆常書寫、供養、布施、諦聽、閱讀、受持、廣說、諷誦、思惟、修習文殊的相關經典？

（　）是否能將一切所行，會歸於文殊菩薩的廣大悲願，如其所發起的菩提勝願，所行功德一心圓滿迴向文殊大願？

睡覺之前應當檢點自己：

（　）心中是否能深信文殊菩薩？

（　）是否能自在念念憶起文殊菩薩？

（　）夢中是否能自然憶念起文殊菩薩？

（　）惡夢現前的時候，能否自在憶念文殊菩薩？

03 修持文殊菩薩的心要

修持文殊菩薩首先要了悟文殊菩薩殊勝的德行與體性，在這當中生起對文殊菩薩的信心，這樣的信心是從深切的體悟當中所生起的；再則，要了悟文殊菩薩，就要了悟文殊往昔的本願，同時閱讀文殊菩薩的相關經典，如此才能加深我們與文殊菩薩的因緣。

被喻爲三世如來之母的文殊菩薩，他不僅教化三世諸佛而且文殊菩薩本身即是過去、現在、未來三世佛。他過去已經成佛，現在在他方世界成佛，在娑婆世界示現爲菩薩，將來也要成佛。

往昔他曾經發願，他用天眼觀察十方世界的佛陀，如果有一位佛陀從初發心到圓滿成佛不是他所教化，他就不成佛。

這樣的願力是多麼強大的悲心啊！然而教化的力量就在於智慧。文殊菩薩就像慈母一樣，所以我們如小兒般地至心皈信之。從初生至成佛都是由他教養長大的。因此我們也希望能夠蒙受他的教化而能現前圓成佛果。

我們要憶念文殊菩薩的甚深恩澤，因爲在體性上，文殊菩薩是圓滿清淨的，了知一切如幻而來入於法界，了悟一切緣起而現生文殊國土。

這最根本的知見是文殊菩薩如幻法王的核心，有如是的見地能讓我們具足破除一切相對性的雜染，這些都是文殊菩薩的大悲教示而來。

此外，文殊菩薩修行時曾發起一個殊勝的願：希望將來一切國土的莊嚴清淨都能全部融於一佛土中，使佛土完全嚴淨，而清涼山的金色世界則是文殊遊化娑婆世界的一個清淨化土，這淨土世界即在中國的五台山。

現前我們可以發願出生於清涼山，即文殊淨土的金剛窟當中。或者發願出生於文殊菩薩其他的淨土世界，相應自己相應的因緣來做抉擇。

我們從決定的心產生決定的願力，發願出生於文殊的清涼國土，隨著緣起深願，而依隨文殊菩薩住於金色淨土世界中，我們希望在五台山的秘密淨土，與文殊一起修行，一起教化娑婆世界眾生。

或是發願往生文殊菩薩的清淨國土，願隨學文殊菩薩合法界一切莊嚴成一淨土。

生起決定信願力量，學習如同文殊菩薩以天眼、智眼觀察一切世界教化諸佛，使一切眾生從初發心到成佛一切圓滿，而成為三世諸佛之母。

如文殊光明遍照，成就六波羅蜜，遠離一切生滅對待，在如幻中幻化成佛。也如同文殊一樣成為三世如來，建立清淨國土遍達法界，宛如蓮華藏世界一般。

這些是我們的決定願，決定願產生決定力量，願力推動著我們法爾任運，永不懈怠地來從事菩薩行，日夜不停地來從事文殊菩薩的勝行。

決定行是無間，是法爾有力的，而不是分割的。文殊菩薩在無差別中示現妙行，以此破除一切相對待的分別，所以文殊的利劍斬斷一切雜染對待，在無對待現觀文殊，法性的文殊從我們的無住、無憶念中生起。

決定學習如同文殊菩薩的智慧，而且不斷地生起決定智慧。從法性寂滅自然法爾中生起寂照法界，一切言語皆道斷，體悟法性同體，而全體無分別則是法爾如來智慧，學習如文殊菩薩般教化眾生而在大智海中常清淨。

文殊菩薩的殊勝之處是：不斷煩惱而能具足一切智，體解煩惱和菩提其實是沒有差異；若生起要斷除、要遠離的心念時，這時分別的心念即已產生。

所以要去除二者的差別，即以一切智現前斬斷，斬斷一切能分別煩惱與非煩惱的心，回過頭來返照自身，卻又發現本來無生不可斷，所以說斷而無斷，無斷而斷，所以不斷煩惱，煩惱本來是法爾，一切現前清淨。而在清淨當中也遠離一切清淨、雜染的分別，如實安住在大智吉祥城中。

第二章　文殊菩薩的感應故事

文殊菩薩示現應化事蹟，困頓的眾生有所依止，在心心憶念文殊菩薩的同時，由於其悲智光明的導引，隨時加持我們具足悲心、智慧，一切滿意吉祥。

01 與文殊菩薩相會的無著禪師

唐朝無著禪師為永嘉人，唐朝大曆二年夏天入於五臺山，休憩於華嚴寺，在經樓前打坐，三天入於禪定之中。

隔天晚上見到白光從東北方向射入屋內，照耀著無著禪師的頭頂久久才隱去。無著禪師頓時感到身心清涼，得大法喜。

凌晨便往東北方向而行尋求光源和來處，走至樓觀谷口，心中思惟著聖境，不禁連續禮拜數百拜。無著禪師便詢往金剛窟去，恭敬向窟中禮拜完畢，便坐於一旁的石頭上參禪。

無著禪師正閉目斂神之際，忽然聽到有人喝叱牛飲水的聲音，眼睛睜開一看，見到一位老翁，身穿著短褐麻鞋，頭上裹著布巾，正牽著牛飲水。

無著禪師迎上前去，禮貌地請問老者從那裡來？家住何處？

老者回答說：「山中丐糧來，家居此山谷中。」老翁回問無著禪師：「你要去哪裡呢？」

無著禪師說：「想要到金剛窟，卻不得其門路而入。」

老人說：「不如來我家喝茶稍作休息。」乃牽牛前行，無著跟隨其後。

到了寺前，老人喊「均提」三聲，有個童子應聲開門，童子的年紀大約十四、五歲，垂髮與眉毛相齊，從老人手上接過牛繩，將牛牽入寺中，寺中地下皆是由琉璃所成，屋瓦金光耀眼爍目，其華麗非人間所有。

老人坐上白牀，指著一旁的錦墩叫無著禪師坐下。這時童子便端上茶來，喝過茶後，又上一杯酥酪。老人與無著禪師各飲了一湯匙，頓然感覺五體舒爽。老人問道；

「你從何方來？」

「南方。」

「南方佛法如何修持？」

「末法比丘，少奉戒律。」

「住眾多少人呢？」

「或三百，或五百。」

無著禪師問老人：「此間佛法如何住持？」

「龍蛇混雜，凡聖同居。」老人答。

「有多少人？」

「前三三，後三三」。

老人問無著禪師：「你當初出家時，志求什麼呢？」

「欲求佛果。」

「初發菩提心修即得。」又問無著禪師：「你現年幾歲？」

「三十一歲了。」

「你到三十八歲時福必至。」

無著禪師尚不了解老人所說爲何時，老人便說：「好了！你慢慢下山去吧！我很疲倦想要休息了。」

無著禪師要求是否能在寺中留宿一晚，老人說：「你有兩位同修在等著你，今夜如果沒見著你回去，一定會憂愁不已，還是回去吧！」

無著拜別，老人臨別又贈一偈道：「若人靜坐一須臾，勝造恒沙七寶塔；寶塔畢竟化爲塵，一念靜心成正覺。」

老翁叫童子送無著禪師。童子送無著禪師走出金剛窟前，無著禪師童子說：「剛才你的主人說前三三後三三到底是多少數？」

童子說：「金剛背後」。

無著摸不著頭緒，便作揖告辭了，又問：「金剛窟在哪裡？」

童子指著來時路問：「這個就是般若寺。」

無著禪師聽了，心中悲喜交集的憬然了悟到：剛才的老人定是文殊菩薩。

無著禪師回頭一看，童子與般若寺都消失了。只見山色蒼蒼，長林鬱鬱，悲愴慕戀的心情良久。忽然抬頭望見慶雲四布，上有圓光恍若懸鏡一般，眾多菩薩影像，隱映在其中。還有藻瓶、錫杖，蓮華、師子的形狀隱現，一會兒便消匿無蹤。

望著此景，無著禪師不勝悲欣交集，感慨萬分，悽然地說偈：「廓周沙界聖伽藍，滿目文殊接對談，言下不知開何印，回頭祇見舊山巖。」說偈完，尋著路走至華嚴寺，詳細的描述事情的原由後，昏厥過去，之後立化於金剛窟前。

02 法雲祈求智慧的感應

唐朝法雲，雁門人，當他開始就學時，就愚癡努鈍無記。

當他十二歲時，父母便將他送進五臺華嚴寺，以淨覺爲師，撿拾薪材汲水，初不憚勞。

等到他已經三十六歲時，還是不能誦習經典，大眾因爲他很愚笨，便稱呼他爲牛雲。

有一天，法雲很忿恨自己是如此的愚質，心中想著自己長這麼大到底爲了什麼。那時剛好下了一場大雪，牛雲洗完腳便想要朝禮五台山，一心持念文殊師利菩薩的聖號，發願祈求文殊大聖開顯心眼。

就這樣前往五台山而去，寒不知衣，食不知味，內不知身，外不知物，心中只有求見文殊菩薩的心念。逢人便問文殊菩薩的住處，然而走遍了整個五台山，了無所見文殊菩薩的蹤跡。

這時他又走到東臺，遇見一位老人在取火，法雲便叩問他：「大德，文殊菩薩住在何處？」老人回答：「你爲什麼要打聽他的消息呢？」法雲回答：「我生性愚鈍，願見大聖，祈求開啓聰明智慧。」

老人就告訴他：「那個俗人拙漢，你還是不要見他好。」

法雲聽了之後，便自行前往北臺而去。沒想到了北臺，那老人擁雪而坐於面前，看到此景法雲感到非常的希有難得，這位老人家必定是文殊菩薩所化現，便恭敬地朝老人禮拜。

由於天寒地凍，法雲倒地不起，口中吐著血團，忽然恍若在夢中。老人告訴他：你於過去生曾經作過法師，然而卻貪圖他人利益供養，而且吝於將佛法傳於他人，由於這個因緣，便墮於牛類當中，愚鈍無所知，償還著他宿世的債務。

因為曾經修持法力的緣故，而今獲得人身，而成為比丘的福報。由於過去吝法的殘餘業力，所以無法誦習經典。

老人即以鐵如意鉤，鉤出他的心臟，他的心臟宛若牛心。於是拿去天井洗蕩，然後安置回去。

此時，法雲忽然醒覺，身上沒有任何痛恙，徧體汗流，更覓尋老人的蹤跡，竟然不復見其蹤影。

但見祥雲驟起，輭風輕輕拂衣，仰視著天際，圓光宛若明鏡一般，看見先前的老人於坐蓮華之上，一會兒便隱沒而去。自此以後法雲，往世所持誦的經論宛然記憶清晰，如同重獲舊物一般。終身行道，如救頭然。

有一天晚上，法雲經行阿育王塔，至半夜三更時，看見白光如水，自北臺連接鷲峰，其中示現出天閣，寶色光明燦爛輝煌，額曰善住。時開元二十三年春，辭眾而終。

03 親覩五臺聖境的法照禪師

法照禪師，唐大曆二年住於衡州（今衡陽）雲峰寺，他每天非常的精勤不懈地修行。有一天，於齋堂食粥時，於鉢中忽然看見五彩祥雲，雲中現有巍峨的山寺。寺的東北有山，山下有流水，流水的北方有石門，從石門進去又有寺院，寺院扁額題著金色大字：「大聖竹林寺」。

法照禪師感到有些訝異，何以鉢中會現出這樣的景象呢？

過了兩天，早上食粥時，鉢中又現出五臺山諸寺，大地盡是金地，亭臺樓閣巍峨，眾寶瓔珞莊嚴。大智文殊菩薩與其聖眾萬餘人皆在其中，又示現出諸佛國淨土世界，直到吃粥完畢才隱沒不見。

法照心疑其境，回到院中詢問其它僧眾誰有遊歷過五台山，當時有嘉延、曇暉二人都說曾經到過五臺山。法照將鉢中所見一一描述，寺廟時址完全相符，因此，便興起要朝禮五臺的想法。

大曆四年的夏天，衡州湖東寺啓建九旬五會念佛道場。六月二日的晚上未時，法照禪師又遙見雲彌覆著五臺山的寺院，雲中出現樓閣，樓閣中數位梵僧，身高丈餘，都執著錫杖行道，阿彌陀佛與文殊、普賢二大菩薩高座於中央，這景象直至酉時才漸漸隱去。

那天晚上，法照禪師在道場外面，遇到一位老人，他說：「你早已發心要往金色世界求見大聖，爲何還不去呢？」

法照禪師說：「路途遙遠難以到達。」

老人說：「只要決定去，路途便無困難。」說完人就不見了。

法照禪師返回道場，於佛前重發誓願，不管是火聚、冰河任何情況發生，都決定前往朝禮五台山。

同年的八月十三日，法照禪師從南嶽結伴同行，於次年的四月五日到了五臺山。

他們一行人等，遙見佛光寺南方有數道白光。

六日抵達佛光寺，所見的景象果然如同鉢中所現一般。當天夜晚，有一道毫光自北山射到法照禪師身上，法照禪師急忙跑去詢問寺僧，他們說：「這是文殊大聖不思議的光明，常照有緣之人。」

法照禪師依著光明照下來的方向，向東北走了約五十里，果然發現一座山，山下有河流，河流北方有石門，在石門前有兩位八、九歲的青衣小童站立門口；一名爲善財，一名爲難陀，看見法照禪師前來，即歡喜問訊頂禮，引其入內。

向北走了五里，來到寺前，匾額上題著大金字：「大聖竹林寺」。寺廣約二十里，有一百二十院，院內皆有寶塔，殿閣莊嚴。其地皆是黃金鋪成，流渠華樹充滿其中。

法照禪師進入寺中，來到講堂，看見文殊在西，普賢在東，各據於師子高座上，宣說微妙法音，左右圍繞聞法的菩薩大眾約萬餘人。

法照禪師前進到二十大士座前頂禮道：「末代凡夫，距離佛陀的時代已很遙遠，不知修行何種法門最為其要，唯願大聖，解開我的疑網。」

文殊菩薩回答說：「現在念佛，正是。修行法門中，無非是念佛、供養三寶、福慧雙修最為徑要。回憶起過去劫中，因為觀佛的緣故，因為念佛的緣故，因為供養佛陀的緣故，現在能得致一切種智，所以一切諸法、般若波羅蜜、甚深禪定、乃至諸佛，皆從念佛而生起。

由此可以了知念佛為諸法之王，你應當常念諸法之王，如流水般相續無間。」

法照禪師又問：「那應當如何念佛呢？」

文殊菩薩回答說：「此世界的西方有阿彌陀佛，阿彌陀佛的願力不可思議，你應當相續不斷地念佛，於命終之後，決定往生極樂淨土，速證菩提，永不退轉。」說完此話，二位大士各舒金手為法照禪師摩頂授記。最後文殊菩薩又說：「汝可到別院去巡禮。」

法照禪師於是到七寶果園，見園中果子方才成熟，其大如碗，摘而食之，身心感覺非常爽泰。再到大聖跟前禮拜辭行，仍由二青衣童子送出門外，轉瞬之間，即失去所在蹤跡，心中悲感不已，因而立下石碑爲記（現今仍存在）。

第三日，法照禪師與五十餘僧人，同往金剛窟，走到法照禪師親見大聖的地方，大家虔心禮念三十五佛佛號。法照禪師念了十遍，忽然看見廣博嚴淨的琉璃宮殿，文殊、普賢與一萬菩薩眾及佛陀波利皆在一處，心中暗自慶喜，隨著大眾返歸寺中。

那天夜間，法照禪師在華嚴院西樓上，忽然看見寺東半山上有五盞燈火，剎時分爲百盞，百盞變爲千燈，行行相對，遍滿半山。又獨自前往金剛窟，祈願見到文殊大聖。三更，見到一位自稱佛陀波利的梵僧，引領其入於聖寺。

那年的十二月，法照禪師在華嚴院念佛道場絕食，誓願往生淨土。到了第七日初夜時分，法照禪師又看見梵僧來道場對他說：「你所見的五臺山境界，爲何不說出呢？」說畢即不見蹤影。

第二天晚上，法照禪師正在念佛時，又看見一梵僧，年約八十多歲，來對法照禪師說：「你所見五臺山聖境，爲何不向他人宣說，普令大眾發起菩提心呢？」

法照禪師說：「我不是有心的，怕說出來生起疑謗，不但未獲得利益，反而遭致罪業。」

梵僧道：「大聖文殊示現在此山中，尚且招人疑謗，何況你所親見到的！這不過要使看見聽聞此者，全部都發起菩提心。」法照禪師聽完，便回憶其所見，記錄於冊，傳示他人。

當時有江東慧從法師者，於大曆六年一月，與華嚴寺內崇暉等三十餘人，隨同法照禪師到金剛窟所，找到立石標記，指述所見的般若院，後來便於文殊大聖示現竹林寺的地方，建立寺院一所，此寺命名爲「竹林寺」。

此後，法照禪師也不知所終。

第三章　文殊菩薩的相關語彙

【一字文殊】以梵文 śrhyīm 或 trhyim 之一字爲眞言之文殊菩薩也。三摩耶形，爲於青蓮華上戴如意寶珠者。尊像爲童子形，金色，半跏坐千葉白蓮華上。左手執青蓮華，其華上有如意寶珠。右手向外，五指垂下，作滿願之印。熙怡微笑。其首髻爲一髻，故又稱一髻文殊。以此菩薩爲本尊而修法，其法名一字文殊之法。祈產、生盧疾者修之。《文殊師利根本一字陀羅尼經》謂：「此咒能滅一切惡邪魍魎，是一切諸佛吉祥之法也。」又謂：「若有女人產難時，取阿吒盧沙迦根或郎伽利迦根，誦之七遍，和以無蟲水摩之，塗於產女之臍中，兒即易生。或諸男子中箭之所，鏃入筋骨，拔之不出，則以十年酥三兩，咒一百八遍，安瘡中及食之，則箭鏃即出。」

【一髻文殊】頂結一髻的文殊菩薩。與五髻文殊、八髻文殊有別。修文殊一字法時，則畫此尊。

【一字文殊法】合叱洛泗錟之四字成一字之眞言，而念誦之也。可爲求子而修之。《曼殊室利菩薩咒藏中一字咒王經》曰：「此之一字，悉能成就一切事業，悉能圓滿所有善法。」本經除上經一卷（唐・義淨譯）外，有《大方廣菩薩藏經中文殊師利根本一字陀羅尼法》，一卷，唐・寶思惟譯。與上經同本異譯。《大陀羅尼末法中一字心咒經》，一卷，唐・寶思惟譯。具畫像法及護摩法。

【八髻文殊】八字文殊法的本尊。頂上分八髻，以表八大童子或八佛。見《胎曼大鈔》四。

【八字文殊法】是亦取眞言字數而名之。即唵、惡、尾、囉、吽、佉、佐、㗠之八字也。此法爲日本・慈覺大師門徒最極之秘法。避天變、怪異、日月蝕之災及兵陣之難之法也。其本經爲《文殊師利法寶藏陀羅尼經》一卷。（一名《文殊師利菩薩八字三昧法》）

【三世覺母】文殊菩薩的異名。由出生智慧之意，所以爲覺母。蓋文殊菩薩，司毗盧舍那的大智，爲三世諸佛成道之母。《心地觀經》曰：「三世覺母妙吉祥。」《聖無動尊大威怒王秘密陀羅尼經》曰：「妙吉祥菩薩是三世覺母，故名文殊師利。」

【千鉢文殊】具云五頂五智尊千臂千手千鉢千佛釋迦曼殊室利菩薩。略稱千臂千鉢曼殊室利菩薩。身上出千臂，每臂持鉢，故有此名。見《千臂千鉢大教王經》第一。

【大聖妙吉祥】梵語曼殊室利。譯爲妙吉祥。舊稱文殊菩薩。

【大聖曼殊室利童子】舊稱文殊師利，新稱曼殊室利，童形之文殊菩薩。

【文殊】Mañjuśri 文殊師利之略。舊稱文殊師利，滿殊尸利，新稱曼殊室利。新舊有六譯。《無量壽經》、《涅槃經》曰妙德，《無行經》曰妙首，《觀察三昧經》、《大淨法門經》曰普首，《阿目佉經》、《普超經》曰濡首，《無量門微密經》、《金剛瓔珞經》曰敬首（已上舊譯）。《大日經》曰妙吉祥。文殊或曼殊，是妙之義；師利或室利，是頭之義、德之義、吉祥之義也。此菩薩與普賢爲一對，常侍釋迦如來之左，而司智慧。（普賢在右司理，但當以右智左理，今違之，一依勝劣之次第，二示理智融通之義也。）《心地觀經》八曰：「三世覺母妙吉祥。」《放鉢經》曰：「今我得佛，皆是文殊師利之恩也。過去無央數諸佛，皆是文殊師利弟子。當來者亦是其威神力所致。譬如世間小兒有父母。文殊者佛道中父母也。」此菩薩頂結五髻，以表大日之五智，手持劍，以表智慧的利劍，駕師子以表智慧的威猛。此文殊有種種的差別，如一字文殊、五字文殊、六字文殊、八字文殊、一髻文殊、五髻文殊、八髻文殊、兒文殊等。此中以五字五髻文殊爲本體。

【文殊院】胎藏界曼陀羅十三大院之第七，以文殊爲中尊，安二十五尊。

【文殊會】日本之佛教法會。每年七月八日祀奉文殊菩薩，祈禱養育孤獨，化益眾生之法會。始於日本淳和天皇時，日僧勤操、泰善等在畿內私設文殊會，備飯食，施給貧窮，率信眾唱念文殊菩薩名號一百遍。其意趣取自《文殊師利涅槃經》。

【文殊講】日本講讚文殊菩薩功德之法會。行禮如儀之後，誦文殊菩薩法號二十一遍。見《諸法會儀則》下。

【文殊入門】取自《文殊師利所說般若波羅蜜經》、《入法界體性經》等之公案。《鐵笛倒吹》一：「文殊一日在門外而立。世尊見之曰：文殊文殊，何不入門來？文殊曰：我不見一法在門外，何以教我入門？」此謂一切法皆佛法，無門內門外之可分。

【文殊三昧】發無相妙慧之三昧也，此智慧爲文殊所具，故名文殊三昧。《大疏》五曰：「悉是文殊三昧。故經云侍衛無勝智也。」

【文殊出現】《華嚴經》〈菩薩住處品〉曰：「東方有處，名清涼山。從昔以來諸菩薩眾於中止住。現有菩薩文殊師利與其眷屬諸菩薩眾一萬人俱，常在其中而演說法。」《寂調音所問經》曰：「東方去此過萬佛土，有世界名曰寶住，佛號寶相如來應供正遍知，今現在，文殊師利爲彼諸菩薩摩訶薩如應說法。」《文殊師利法寶藏陀羅尼經》曰：「爾時世尊告金剛密迹主菩薩言：我滅度後於此贍部洲東北方有國名大振那，其國中有山號曰五頂，文殊師利童子遊行居止，爲諸眾生於中說法。」

【文殊悔過】文殊菩薩所說之懺悔法也。佛在耆闍崛山，新

學菩薩蔽於狐疑，有如來齊光照耀菩薩，爲之請問文殊。文殊爲說懺悔、隨喜、請法、興供、迴向、發願之諸法，彼等皆得無生法忍，佛遙聞而讚嘆之。見《文殊悔過經》。

【文殊智慧】小乘比丘，以舍利弗爲智慧第一。大乘菩薩，以文殊爲智慧第一，故有覺母之稱。

【文殊過夏】公案名。又稱文殊三處度夏、文殊三處安居，略稱文殊三處《圜悟錄》十七：「世尊於一處安居，至自恣日，文殊在會。迦葉問文殊，何處安居？文殊云：今夏三處安居。迦葉於是集眾白槌，欲擯文殊。即見無量世界，一一界中有一一佛一一文殊一一迦葉，白槌欲擯文殊。世尊謂迦葉云：汝今欲擯那箇文殊？迦葉茫然。」此則顯示作爲大乘菩薩僧之文殊，係自由無礙，闊達自在，修行於一切處，而非固定之小乘形式所能拘宥。

【文殊化龍女】文殊入大海娑竭羅龍宮化八歲龍女。詣靈山，使龍女於大眾前成佛。見《法華經》〈提婆達多品〉。

【文殊護身咒】謂一字文殊法之眞言也。以齒嚂二字或叱洛泗談四字合成一字者。

【文殊八大童子】八髻文殊之使者，㈠光網童子，㈡地慧童子，㈢無垢光童子，㈣不思慧童子，㈤召請童子，㈥髻設尼童子，㈦救護慧童子，㈧鄔波髻設尼童子。見《胎曼大鈔》四。

【文殊三世果位】文殊雖爲助釋迦之化，一時現菩薩之因位，然三世皆爲果上之如來。過去稱爲龍種上佛，又名大身佛、神仙佛，現在號爲歡喜藏摩尼寶精佛，未來稱爲普見佛。見《首楞嚴三昧經》下。

【文殊是七佛師】謂智慧第一之文殊菩薩，過去曾爲七佛之師。七佛指：毗婆尸佛、尸棄佛、毗舍浮佛、拘留孫佛、拘那含牟尼佛、迦葉佛、釋迦牟尼佛。此事未見經典明載，然禪錄載之。《古尊宿語錄》二〈百丈懷海章〉：「文殊是七佛祖師，亦云是娑婆世界第一主首菩薩。」

【文殊捉劍迫佛】《大寶積經》一〇五曰：「五百菩薩得宿命智，知多劫所作重罪。以憂悔故，不證無生法忍，時文殊知其念已，於大眾中偏袒右肩，手執利劍，直向世尊欲行逆害。佛言：文殊汝勿害我，若必欲害，應善害，何以故？一切諸法如幻化，無我無人，爲誰殺而受殃，是時諸菩薩知宿罪皆如幻化，得無生忍，異口同意說偈曰：文殊大智人，深達法源底，自手握利劍，馳逼如來身；如劍佛亦爾，一相無有二，無相無所生，是中云何殺。」

【文殊號法王子】一切菩薩皆爲如來法王之子，而獨稱文殊者，因文殊爲佛左面之弟子，而菩薩眾之上首故也。《法華文句記》曰：「問曰：經稱文殊爲法王子，其諸菩薩何人不是法王之子？答：有二義，一於王子中德推文殊，二諸經中文殊爲菩薩眾首。」

【文殊為九代之祖】《法華經》〈序品〉言：「往昔日月燈

明佛未出家時有八子，聞父出家成道，皆隨之出家。時有一菩薩，名妙光，佛因之說《法華經》。佛入滅後，八字皆以妙光爲師，妙光教化之，使次第成佛，其最後之佛名燃燈，其妙光即文殊也。」若是則文殊居八代之首，燃燈爲釋迦之師，故文殊乃釋迦如來九代之祖也。

【文殊為釋迦脇侍】文殊與普賢爲兩脇侍，文殊爲左之侍者。《淨名玄義》四曰：「文殊既是釋迦左面侍者，此土行最高。」《釋門正統》曰：「若以菩薩人輔，則文殊居左，普賢居右。」是由勝劣之次第，故文殊爲左（即上），普賢爲右（即下）也，若依知行理智定慧等法門時，則普賢當在左，文殊當在右。以文殊司諸佛之智德，普賢司諸佛之定慧也。

【文殊所持青蓮華與劍】文殊司一切如來之智慧，無相之無德不染著法，故胎藏界之文殊，左持青蓮以表之。能斷煩惱，故金剛界的文殊，右持利劍以表之。

【文殊所乘師子與孔雀】文殊乘師子，以表智慧之猛利，且文殊以所居清涼山有五百毒龍，爲降伏之故也。胎曼中之兩文殊，皆坐白蓮臺。兒文殊亦不乘獅子。乘獅子爲《八字儀軌》之說也。蓋乘獅子者，乃金剛界之文殊，坐白蓮者乃胎藏界之文殊也。然後八字文殊法之本經，則以孔雀爲其所乘。《文殊師利法寶藏陀羅尼經》曰：「其畫像作童子相貌。乘騎金色孔雀。」

【五臺山】我國山西省太原府五臺縣附近名山，又稱清涼山。相傳爲文殊菩薩示現之靈山。參閱《清涼山志》——四大名山志第四冊。

【五髻文殊】頂上結五髻，爲童子形。常云文殊之本體，爲此五髻文殊，其他之文殊以之爲本，五髻表五智五佛，童形取天眞也。是爲五字文殊法之本尊。五字即五髻，五髻即五智五佛。以引阿字爲種子，密號云吉祥金剛。

【五字文殊法】即五髻文殊法也，五髻就尊形而名，五字就眞言字數而名。五字爲阿（a）、羅（ra）、跛（pa）、捨（ca）、那（na），其本經爲《大聖曼殊室利童子五字瑜伽法》一卷、《五字陀羅尼頌》一卷、《金剛頂經曼殊室利菩薩五字心陀羅尼品》一卷、《金剛頂經超勝三界經說文殊五字眞言勝相》一卷。

【六字文殊法】是亦依眞言字數而名之。爲「闇、婆、計、陀、那、摩」之六字。見《文殊師利菩薩六字咒功能法經》。

【妙吉祥】文殊師利。新稱曼殊室利，譯言妙吉祥。《大日經疏》一曰：「妙吉祥菩薩者，妙者謂佛無上慧，猶如醍醐純淨第一。室利翻爲吉祥，即是具眾德義。或云妙德，亦云妙音也。」《心地觀經》八曰：「三世覺母妙吉祥。」見文殊條。

【兒文殊】佛在世生於梵德婆羅門家之形也。（出《文殊師利般涅槃經》）日本傳教大師由唐攜回本國，納於根本之經藏，日本修五字文殊法時用此像。

【曼殊】即文殊。《翻譯名義》曰曼殊室利。此云妙德。《西域記》：曼殊室利，唐言妙吉祥。此即《維摩經》之所謂文殊師利也。

【曼殊室利】Mañjuśri，一作曼殊尸利，舊稱文殊師利，新稱曼殊室利。菩薩名。見文殊條。

【僧形文殊】菩薩雖以在俗之形爲本儀，而於釋迦法中助佛化之諸菩薩，外現比丘之形，與聲聞眾無異，故我國諸寺中，或於僧堂、或戒壇、或食堂，安置文殊之像皆爲僧形。《智度論》三十四曰：「釋迦法中無別菩薩僧。是故文殊彌勒等入聲聞眾次第而坐。」

第四章　文殊菩薩的重要經典

01《文殊師利所說不思議佛境界經》導讀

本經是由文殊師利菩薩說出佛境界的不可思議。內容大致如下：

在舍衛城給孤獨園，佛陀令文殊宣說佛的境界，文殊師利回答：佛境界是超越六境，無所入者，雖然不是思量的境界，但相應於一切眾生煩惱中的需求，正確地了知眾生的煩惱，則爲佛境界。諸煩惱的自性即佛境界的自性。一切凡夫生起貪、瞋、癡三毒之處，即是佛所安住的平等法，然而凡夫則於空、無相、無願的法門生起煩惱；但了知此三毒的體性，其實是平等無別，這種見解是爲正住。若認爲安住於正道才是正住，這是不離於有爲者。而聖人應超越有爲與無爲、聖法與非聖法的分別二元論。

接著，文殊菩薩和須菩提之間，就境界的得證與否展開詢問答辯。文殊說，他決定住於一切諸地，是雖已入也非入。談到世間法，說世間法即是五蘊，了知此五蘊是體性本空，即是離於世間。

其次，須菩提問諸比丘何所得？以何爲證時？佛陀亦問諸比丘「增上慢」的意義，比丘回答後，佛陀讚說：聽聞此義，將於彌勒菩薩住世時發起大乘意，得住於堪忍之地。

此時，善勝天子請問：於兜率天是否有如此說法？文殊菩薩立即以神通力化現兜率天宮。佛陀讚歎其神通力無量，爲了使眾生獲得善巧利益，便要求文殊發揮展現其神通威力。

因爲見到文殊菩薩的神通力現前，連惡魔也歸依此法，發起菩提心，唸誦護法咒。文殊菩薩告訴善勝天子將前往兜率天，善勝天子便與無量諸天一同來到此天。文殊告眾曰，欲成就一切善法之行，有持戒、修禪、般若、神通、智、調優、不放逸等。若住不放逸，可得三種樂、除三種垢，可斷除六波羅蜜一一具有的三障，和得到成滿六波羅蜜的三法。此外，菩薩的三十七菩提分也是問此不放逸獲得。不放逸的菩薩可入於畢竟寂靜。

其次，善勝天子詢問有關菩薩道的修行，文殊針對此問題加以詳細說明。

善勝天子提出想見一切功德光明世界的要求，文殊便使用神通，使其見到普賢如來的世界。

又爲由彼世界前來的諸菩薩大眾宣說法要，然後自天宮隱沒，而與彼世界的菩薩一同來到佛所。

佛陀說：文殊使用變化神通是爲了成就眾生，此已得深理，已於無量阿僧祇劫施作佛事，但爲了眾生，故出生於世。最後付囑本經。

六十經雖然在顯示佛陀的境界，但使用隱顯、表裡的方法來展現。

首先讓文殊宣說佛的境界，這是正面表白的，其說法不算積極，但也仍顯示了佛的境界。經文的後半則態度一變，大大書寫文殊菩薩的神通威力，並有種種的說法，其間儘可能地表現文殊的變化神通威力。

然而若與經的前半相對照，則並不單只是在顯現文殊的神通，並也在藉著文殊的神通，自內面說明佛的境界。

文殊對佛說：「我得如來平等無自性境界」。接著又說：「佛境界有所得者，我亦得於諸佛境界。」如此說完既得證佛地，然而尚有所願，所以不取證之。

文殊不僅自述：「我常恆覺一切諸法體相平等，是故我爲三藐三佛陀。」又說：「我決定住於一切諸地。」且於經文的末尾說：「文殊師利已於無量阿僧祇劫施作佛事，爲眾生故生世間，現此神通變化事。」

可知文殊雖然以身示現菩薩，但實際上是在佛境界之中。

從而，文殊所現神通、所說教法並不遜於佛的神通說法，所謂經的後半有隱義，也就在此。

更進一步而言，文殊和佛的問答雖然形式上採問答的方式，但由內容來看，是佛陀使文殊菩薩說出來的。因此若說文殊所說即是佛所說，佛之問即文殊所云，也並不爲過。

讓文殊作是語，若非佛的方便，即是文殊已入佛位的佐證。如此，菩薩所現、所說就沒有不是佛境界，也沒有不在佛地所說的了。文殊師利所說佛不思議境界經的題號誠然巧妙，能充分表達其題意。

而文殊所說（於經的開頭）的不分染淨，不隔凡聖，煩惱即佛、三毒即平等，以三乘爲佛的方便等，雖也觸及其他大乘諸經所喜好提出的問題，但像本經將這些皆以佛境界統攝的觀念，自暗示了本經的思想地位。

02《文殊師利所說不思議佛境界經》卷上

唐天竺三藏菩提流志奉　詔譯

如是我聞：一時，佛在舍衛國祇樹給孤獨園，與大比丘眾一千人、菩薩十千人俱；復有欲界諸天子、色界諸天子及淨居天子，並其眷屬，無量百千周匝圍繞，供養恭敬聽佛說法。

爾時，佛告文殊師利菩薩言：童子！汝有辯才，善能開演，汝今應為菩薩大眾宣揚妙法。時，文殊師利菩薩白佛言：世尊！佛今令我說何等法？佛言：童子！汝今應說諸佛境界。文殊師利菩薩言：世尊！佛境界者，非眼境界，非色境界；非耳境界，非聲境界；非鼻境界，非香境界；非舌境界，非味境界；非身境界，非觸境界；非意境界，非法境界；無如是等差別境界，是乃名為諸佛境界。世尊！善男子、善女人，有欲入於佛境界者，以無所入而為方便，乃能悟入。

爾時，文殊師利菩薩白佛言：世尊！如來於何等境界而得菩提？佛言：童子！我於空境界得菩提，諸見平等故；無相境界得菩提，諸相平等故；無願境界得菩提，三界平等故；無作境界得菩提，諸行平等故。童子！我於無生、無起、無為境界得菩提，一切有為平等故。

時，文殊師利菩薩復白佛言：世尊！無爲者是何境界？佛言：童子！無爲者非思量境界。文殊師利菩薩言：世尊！非思量境界者是佛境界，何以故？非思量境界中無有文字；無文字故，無所辯說；無所辯說故，絕諸言論；絕諸言論者，是佛境界也。

爾時，世尊問文殊師利菩薩言：童子！諸佛境界當於何求？文殊師利菩薩言：世尊！諸佛境界當於一切眾生煩惱中求。所以者何？若正了知眾生煩惱，即是諸佛境界故。此正了知眾生煩惱，是佛境界；非是一切聲聞、辟支佛所行之處。

爾時，世尊復語文殊師利菩薩言：童子！若佛境界即於一切眾生煩惱中求者，諸佛境界有去來乎？文殊師利菩薩言：不也，世尊！諸佛境界無來無去。佛言：童子！若諸佛境界無來無去者，云何而言若正了知眾生煩惱即是諸佛境界耶？文殊師利菩薩言：世尊！如諸佛境界無來無去，諸煩惱自性亦復如是無來無去。佛言：童子！何者是諸煩惱自性？文殊師利菩薩言：世尊！佛境界自性即是諸煩惱自性。世尊！若佛境界自性異諸煩惱自性者，如來則非平等正覺；以不異故，於一切法平等正覺，說名如來。

爾時，世尊復語文殊師利菩薩言：童子！汝能了知如來所住平等法不？文殊師利菩薩言：世尊！我已了知。佛言：童子！何者是如來所住平等法？文殊師利菩薩言：世尊！一切凡夫起貪瞋癡處，是如來所住平等法。佛言：童子！云何一切凡夫起貪瞋癡處，是如來所住平等法？文殊師利菩薩言：世尊！一切凡夫於空、無相、無願法中起貪瞋癡，是故一切凡夫起貪瞋癡處，即是如來所住平等法。

佛言：童子！空豈是有法，而言於中有貪瞋癡？文殊師利菩薩言：世尊！空是有，是故貪瞋癡亦是有。佛言：童子！空云何有？貪瞋癡復云何有？文殊師利菩薩言：世尊！空以言說故有；貪瞋癡亦以言說故有。如佛說比丘有無生、無起、無作、無爲、非諸行法，此無生、無起、無作、無爲、非諸行法非不有；若不有者，則於生起作爲諸行之法應無出離，以有故言出離耳。此亦如是，若無有空，則於貪瞋癡無有出離；以有空故，說離貪等諸煩惱耳。

佛言：童子！如是如是，如汝所說，貪瞋癡等一切煩惱，莫不皆住於空之中。文殊師利菩薩復白佛言：世尊！若修行者離貪瞋等而求於空，當知是人未善修行，不得名爲修行之者。何以故？貪瞋癡等一切煩惱即空故。

爾時，世尊復言文殊師利菩薩言：童子！汝於貪瞋癡爲已出離，爲未離乎？文殊師利菩薩言：世尊！貪瞋癡性即是平等，我常住於如是平等。是故我於貪瞋癡非已出離，亦非未離。世尊！若有沙門、婆羅門自見離貪瞋癡，見他有貪瞋癡，即是二見。何謂二見？謂斷見、常見。所以者何？若見身離貪瞋癡即是斷見，若見他身有貪瞋癡即是常見。世尊！

如是之人非爲正住，夫正住者，不應於己見勝，謂他爲劣故。

爾時，世尊復語文殊師利菩薩言：童子！若如是者，住於何所名爲正住？文殊師利菩薩言：世尊！夫正住者無有所住，住無所住，是乃名爲正住之耳。佛言：童子！豈不以住於正道爲正住耶？文殊師利菩薩言：世尊！若住正道則住有爲，若住有爲，則不住於平等法性。何以故？有爲法有生滅故。

爾時，世尊復語文殊師利菩薩言：童子！無爲是數法不？文殊師利菩薩言：世尊！無爲者非是數法。世尊！若無爲法墮於數者，則是有爲，非無爲也。佛言：童子！一切聖人得無爲法，不有數耶？文殊師利菩薩言：世尊！非諸聖人證於數法，已得出離諸數法故。

爾時，世尊復語文殊師利菩薩言：童子！汝爲成就聖法？爲成就非聖法？文殊師利菩薩言：世尊！我不成就聖法，亦不成就非聖法。世尊！如有化人，爲成就聖法？爲成就非聖法？佛言：童子！化人不可言成就聖法，亦不可言成就非聖法。文殊師利菩薩言：世尊！佛豈不說一切諸法皆如幻化？佛言：如是。文殊師利菩薩言：世尊！一切諸法如幻化相，我亦如是，云何可言成就聖法，成就非聖法？

爾時，世尊復語文殊師利菩薩言：童子！若如是者，汝何所得？文殊師利菩薩言：世尊！我得如來平等無自性境界。佛言：童子！汝得佛境界耶？文殊師利菩薩言：若世尊於佛境界有所得者，我亦得於諸佛境界。

時，長老須菩提問文殊師利菩薩言：大士！如來不得佛境界耶？文殊師利菩薩言：大德！汝爲得聲聞境界不？須菩提言：大士！聖心解脫無有境界，是故我今無境界可得。文殊師菩薩：大德！佛亦如是。其心解脫無有境界，云何而謂有所得乎！

須菩提言：大士！汝今說法可不將護初學心耶？文殊師利菩薩言：大德！我今問汝，隨汝意答。如有良醫欲治人病，爲將護病人心故，不與辛酸鹹苦應病之藥，能令其人病得除差至安樂不？答言：不也。文殊師利菩薩言：大德！此亦如是。若說法師爲將護初學心故，隱甚深法而不爲說，隨其意欲演鹿淺義，能令學者出生死苦至涅槃樂，無有是處。

說是法時，眾中有五百比丘僧，諸漏永盡，心得解脫；八百諸天子，遠塵離垢得法眼淨。復有七百諸天子，聞其辯才深生信樂，皆發阿耨多羅三藐三菩提心。

爾時，須菩提復白文殊師利菩薩言：大士！汝頗亦於聲聞乘而生信解，又以此乘法度眾生不？文殊師利菩薩言：大德！我於一切乘皆生信解。大德！我信解聲開乘，亦信解辟支佛乘，亦信解三藐三佛陀乘。須菩提言：大士！汝爲是聲聞，爲是辟支佛，爲是三藐三佛陀耶？文殊師利菩薩言：大德！我雖是聲聞，然不從他聞；雖是辟支佛，而不捨大悲及無所畏；雖已成正等覺，而於一切所應作事未嘗休息。

須菩提又問言：大士！汝云何是聲聞？答曰：我恒爲一切眾生說未聞法，是故我爲聲聞。又問言：汝云何是辟支佛？答曰：我能了知一切諸法皆從緣起，是故我爲辟支佛。又問言：汝云何是三藐三佛陀？答曰：我常恒覺一切諸法體相平等，是故我爲三藐三佛陀。

爾時，須菩提又問言：大士！汝決定住於何地？爲住聲聞地，爲住辟支佛地，爲住佛地耶？文殊師利菩薩言：大德！汝應知我決定住於一切諸地。須菩提言：大士！汝可亦決定住凡夫地耶？答曰：如是。何以故？一切諸法及以眾生，其性即是決定正位；我常住此正位，是故我言決定住於凡夫地也。

須菩提又問言：若一切法及以眾生即是決定正位者，云何建立諸地差別，而言此是凡夫地，此是聲聞地，此是辟支佛地，此是佛地耶？文殊師利菩薩言：大德！譬如世間以言說故，於虛空中建立十方，所謂此是東方，此是南方，乃至此是上方，此是下方；雖虛空無差別，而諸方有如是如是種種差別。此亦如是，如來於一切決定正位中，以善方便立於諸地：所謂此是凡夫地，此是聲聞地，此是避支佛地，此是菩薩地，此是佛地；雖正位無差別，而諸地有別耳。

爾時，須菩提復白文殊師利菩薩言：大士！汝已入正位耶？文殊師利菩薩言：大德！我雖已入，亦復非入。須菩提言：大士！云何已入而非入乎？文殊師利菩薩言：大德應知，此是菩薩智慧善巧。我今為汝說一譬喻，諸有智人以譬喻得解。大德！如有射師其藝超絕，惟有一子特鍾心愛；其人復有極重怨讎，耳不欲聞，眼不欲覩。或時其子出外遊行，在於遠處路側而立，父遙見之，謂是其怨，執弓持箭控弦而射，箭既發已，方知是子，其人巧捷疾走追箭，箭未至間，還復收得。言射師者，喻菩薩也；一子者，喻眾生也；怨家者，喻煩惱也；言箭者，此則喻於聖智慧也。大德當知！菩薩摩訶薩以般若波羅密觀一切法，無生正位大悲善巧故，故不於實際作證，而住聲聞、辟支佛地，誓將化度一切眾生至佛地矣。

爾時，須菩提又問文殊師利菩薩言：大士！何等菩薩能行此行？文殊師利菩薩言：大德！若菩薩示行於世，而不為世法所染；現同世間，不於諸法起見；雖為斷一切眾生煩惱勤行精進，而入於法界，不見盡相；雖不住有為，亦不得無為；雖處生死如遊園觀，本願未滿做，不求速證無上涅槃；雖深知無我，而恒化眾生；雖觀諸法自性猶如虛空，而勤修功德淨佛國土；雖入於法界，見法平等，而為莊嚴佛身口意業故，不捨精進。若諸菩薩具如是行，乃能行耳。

爾時，須菩提復白文殊師利菩薩言：大士！汝今說此菩薩所行，非諸世間所能信受。文殊師利菩薩言：大德！我今為欲令諸眾生永出世間，說諸菩薩了達世法出離之行。須菩提言：大士！何者是世法？云何名出離？文殊師利菩薩言：

大德！世間法者，所謂五蘊。其五者何？謂色蘊、受蘊、想蘊、行蘊、識蘊。如是諸蘊，色如聚沫，受如浮泡，想如陽焰，行如芭蕉，識如幻化，是故此中無有世間，亦無諸蘊及以如是言說名字。若得是解，心則不散；心若不散，則不染世法；若不染世法，即是出離世間法也。

復次，大德！五蘊諸法其性本空，性空則無二，無二則無我、我所，無我、我所則無所取著，無所取著者即是出離世間法也。

復次，大德！五蘊法者，以因緣有，因緣有故，則無有力，無力則無主，無主則無我、我所，無我、我所則無受取，無受取則無執競，無執競則無諍論，無諍論者是沙門法，沙門法者知一切法如空中響，若能了知一切諸法如空中響，即是出離世間法也。

復次，大德！此五蘊法同於法界，法界者則是非界。非界中，無眼界、無色界、無眼識界，無耳界、無聲界、無耳識界，無鼻界、無香界、無鼻職界，無舌界、無味界、無舌識界，無身界、無觸界、無身識界，無意界、無法界、無意識界。此中亦無地界、水界、火界、風界、虛空界、識界，亦無欲界、色界、無色界，亦無有爲界、無爲界、我人眾生壽者等；如是一切皆無所有，定不可得。若能入是平等深義，與無所入而共相應，即是出離世間法也。

說是法時，會中比丘二百人，永盡諸漏，心得解脫，各各脫身所著上衣，以奉文殊師利菩薩，而作是言：若有眾生得聞於此甚深妙法，應生信受；若不生信，欲求證悟，終不可得。

爾時，長老須菩提語諸比丘言：汝何所得？以何爲證？諸比丘言：大德！無得無證，是沙門法。所以者何？若有所得，心則動亂；若有所證，則自矜負；動亂矜負，墮於魔業。若有自言：「我得，我證！」當知則是增上慢人。佛言：諸比丘！汝等審知增上慢義不？諸比丘答言：世尊！如我意者，若有人言「我能知苦」，是不知苦相而言我知；「我能斷集證滅修道」，是不知集滅道相；乃至而言「我能修道」，應知此是增上慢人。所以者何？苦相者即無生相，集滅道相即無生相，無生相者即是非相。平等相是諸聖人於一切法得解脫相，是中無有知苦、斷集、證滅、修道如是等相而可得者。若有眾生得聞如是一切諸法平等之義，而生驚怖，應知是爲增上慢者。

爾時，世尊即告之言：善哉．善哉！諸比丘！如汝所說，如是，如是！須菩提！汝等當知此諸比丘已於過去迦葉佛所，從文殊師利童子得聞如是甚深之法，以聞法故，疾得神通。今復得聞，隨順不逆。須菩提！若復有人於我法中得聞斯義，生信解者，皆於來世見彌勒佛；若未發大乘意，於三會中悉得解脫；若已發大乘意者，皆得住於堪忍之地。

爾時，善勝天子白文殊師利菩薩言：大士！汝常於此閻浮提中爲眾說法。今兜率天上有諸天子，曾於過去值無量佛，供養恭敬，種諸善根。然生在天中，耽著境界，不能來此法會而有聽受，昔種善根今將退失；若蒙誘誨，必更增長。惟願大士暫往天宮，爲彼諸天弘宣法要。

爾時，文殊師利菩薩以神通力，即於其處忽然化作兜率天宮，如其所有悉皆備足，令善勝天子及此會中一切人天，皆謂在於彼天之上，具見於彼種種嚴飾，園林池沼，果樹行列；殿堂樓閣，棟宇交臨，繡柱承梁，雕窓間戶，攢櫨疊栱，磊砢分布，稱寶爲臺，莊嚴綺錯；其臺極小，猶有七層，或八層九層，乃至高於二十層者，一一臺上，處處層級，皆有眾天女，盛年好色，手足柔軟，額廣眉長，面目清淨，如金羅網常有光明，亦如蓮華離諸塵垢，發言含笑，進止迴旋，動必合儀，麗而有則，譬如滿月，人所樂見，笙篌琴瑟，簫笛鐘鼓，或歌或嘯，音節相和，妙妓成行，分庭共舞。如是等事，宛然備矚。

時，善勝天子見自宮殿及其眷屬，歡娛事已，心生疑怪，白文殊師利菩薩言：奇哉！大士！云何令我及以大眾瞬息之間而來至此？爾時，長老須菩提語善勝天子言：天子！我初亦謂與諸大眾皆共至於兜率陀天，而今乃知本來不動，曾不共往彼天之上。如是所見，皆是文殊師利菩薩三昧神通之所現耳。

時，善勝天子即白佛言：世尊！文殊師利菩薩甚爲希有，乃能以三昧神通不思議力，今此眾會不動本處，而言至此兜率陀天。佛言：天子！汝但知文殊師利童子神通變化少分之力，我之所知無有量也。天子！以文殊師利神通之力，假使如恒河沙等諸佛國土，種種嚴好各各不同，能於一佛土中普令明見。又以如恒河沙等諸佛國土集在一處，狀如繒束，舉擲上方，不以爲難。又以如恒河沙等諸佛國土所有大海置一毛孔，而令其中眾生不覺不知，無所觸嬈。又以如恒河沙等諸佛國土所有須彌山王，以彼眾山內於一山，復以此山內於芥子，而令住彼山上一切諸天不覺不知，亦無所嬈。又以如恒河沙等諸佛國土，其中所有五道眾生置右掌中，復取是諸國土一切樂具，一一眾生盡以與之，等無差別。又以如恒河沙等諸佛國土劫盡燒時，所有大火集在一處，令其大小如一燈柱，所有火事如本無別。又如恒河沙等諸佛國土，所有日月若於一毛孔，舒光映之，普令其明，隱蔽不現。天子！我於一劫若一劫餘，說文殊師利童子三昧神通變化之力，不可窮盡。

爾時，魔波旬自變其身作比丘形，在於會中卻坐一面，白佛言：世尊！我今聞說文殊師利童子神通之力，不能信受。唯願世尊令於我前其神力，使我得見。爾時，世尊知是惡魔變爲比丘；欲令眾生善根增長故，告文殊師利菩薩言：汝應自現神通之力，令此會中無量眾生咸得善利。

03《文殊師利所說不思議佛境界經》卷下

爾時，文殊師利菩薩受佛教已，即時入一切法心自在神通三昧。入此三昧已，起神通力，現於如上所說神變之事，顯然明著，皆悉現前，如佛所言，不增不減；預斯會者，靡不咸見。是時，大眾覩此神力，歎未曾有，同聲唱言：善哉，善哉！諸佛如來為眾生故出現世間，復有如是善權大士同出於世，而能現此不可思議威神之力。

爾時，惡魔見此種種神變事已，歡喜踊躍，禮文殊師利菩薩足；合掌恭敬，而向如來作如是言：

文殊師利童子甚為希有，乃能現是不可思議神通變化，諸有聞者，孰不驚疑！若有眾生得聞此事，能生信受，假使惡魔如恒河沙，欲為惱害，終不能也。世尊！我是惡魔，常於佛所伺求其便，心憙惱害一切眾生，若見有人精勤習善，必以威力為其障礙。

世尊！我從今日深發誓心，但此法門弘宣之處，所在國土城邑聚落百由旬內，我在其中，譬如盲者無有所作，不於眾生而生侵惱。若見有受持讀誦思惟解釋是經者，必生尊重，供給供養。世尊！我之儔黨，樂於佛法生留難；若見有人修行於善，要加逼沮，令其退失，我今為斷如是惡事，說陀難尼。即說咒曰：

怛姪他阿麼黎　毘麼黎　恥哆荅鞞　阿羯波儞是多設咄嘮　誓曳　誓耶末底　輸婆末底　睒迷扇底　阿普迷　普普迷　地𠽋　阿契　莫契　佉契　弭履羅　阿伽迷　普羅　普羅普羅　輸迷輸輸迷　地𠽋地𠽋　阿那跋底　恥哆荅鞞　訖里多遏梯　訖里多毘提　毘盧折擔　薩達摩婆拏拘　曷寫蘇怛羅寫陀路迦　阿跋羅自多伊婆蘇履耶

世尊！此陀羅尼擁護法師，能令其人勇猛精進，辯才無斷，一切惡魔無能得便。更令其魔心生歡喜，以衣服、臥具、飲食、湯藥諸有所須而為供養。世尊！若有善男子、善女人受持此咒，日夜不絕，則為一切天、龍、乾闥婆、阿修羅、迦樓羅、緊那羅、摩睺羅伽、人非人等常所守護，一切怨憎不能為害。

佛語魔言：善哉，善哉！汝今說此陀羅尼，令恒河沙等無量世界六種震動。魔王當知！汝此辯才，皆是文殊師利童子神力所作。

文殊師利菩薩以神通力令魔波旬說此咒時，眾中三萬人皆發阿耨多羅三藐三菩提心。

爾時，文殊師利菩薩作是變已，攝其神力，即告善勝天子言：天子！我今欲詣兜率陀天，汝可先往，令其眾集。時，善勝天子聞是語已，與其眷屬右遶於佛及文殊師利等菩薩大眾，於會中沒，須臾之間到彼天宮。至天宮已，普告眾言：汝等當知！文殊師利菩薩摩訶薩愍我等故，欲來至此。

汝等諸天皆應捨離放逸諸樂而共來集，為聽法故。

時，善勝天子作是語已，於天宮中建立道場；其場廣博清淨嚴好，以天如意眾寶所成，東西三萬二千由旬，南北一萬六千由旬，又於其中置無量百千師子之座，其座高廣，種種莊嚴，以天寶衣而覆其上。

時，善勝天子嚴辦道場及師子座已，曲躬合掌，遙向文殊師利菩薩而作是言：我至天宮，所為事畢，唯仁降止，今正是時。爾時，文殊師利菩薩與諸菩薩一萬二千人、大聲聞一千五百人，及餘無量百千天、龍、夜叉、乾闥婆等，從坐而起，頂禮佛足，右遶三匝，於如來前沒而不現，須臾之頃至兜率陀天，詣道場中，如其敷擬，各坐其座。

爾時，四天王天、三十三天、夜摩天、化樂天、他化自在天及色界中諸梵天眾，遞相傳告而作是言：今文殊師利菩薩在兜率陀天欲說大法，我等應共往詣其所，為欲聽聞所未聞法，及見種種希有事故。作是語已，欲色界中無量阿僧祇諸天子眾，於須臾頃，各從所住而來共集兜率天宮。以文殊師利菩薩威神之力，其道場中悉皆容受而無迫隘。

爾時，善勝天子白文殊師利菩薩言：大士！今此大眾悉已來集，願以辯才闡明法教。時，文殊師利菩薩普告眾言：

諸仁者！若諸菩薩住四種行，則能成就一切善法。何等為四？一者持戒，二者修禪，三者神通，四者調伏。若能持戒則成就多聞，若能修禪則成就般若，若得神通則成就勝智，若住調伏則能成就心不放逸；是故我言：若諸菩薩住於四行，則能成就一切善法。

諸仁者！當知持戒具足八法而得清淨。何等爲八？一者身行端直，二者諸業淳淨，三者心無瑕垢，四者志尚堅貞，五者正命自資，六者頭陀知足，七者離諸詐僞不實之相，八者恒不忘失菩提之心，是名持戒八種清淨。

復次，諸仁者！應知多聞亦以八法而得清淨。何等爲八？一者敬順師長，二者催伏憍慢，三者精勤記持，四者正念不錯，五者說釋無倦，六者不自矜伐，七者如理觀察，八者依教修行，是名多聞八種清淨。

復次，諸仁者！應知禪定亦以八法而得清淨。何等爲八？一者常居蘭若宴寂思惟，二者不共眾人群聚談說，三者於外境界無所貪著，四者若身若心捨諸榮好，五者飲食少欲，六者無攀緣處，七者不樂修飾音聲文字，八者轉教他人令得聖樂。

復次，諸仁者！應知般若亦以八法而得清淨。何等爲八？一者善知諸蘊，二者善知諸界，三者善知處，四者善知諸根，五者善知三解脫門，六者永拔一切煩惱根本，七者永出一切蓋纏等惑，八者永離一切諸見所行，是名般若八種清淨。

復次，諸仁者！應知神通亦以八法而得清淨。何等爲八？一者，見一切色無有障礙；二者，聞一切聲無所限隔；

三者，遍知眾生心之所行；四者，憶念前際無礙無著；五者，神足遊行遍諸佛國；六者，盡一切漏而不非時；七者，廣集善根而離諸散動；八者，如初發誓，願恒為善友，廣濟眾生；是名神通八種清淨。

復次，諸仁者！當知於智亦以八法而得清淨。何等為八？一者苦智，遍知五蘊；二者集智，永斷諸愛；三者滅智，觀諸緣起畢竟不生；四者道智，能證有為、無為功德；五者因果智，知業與事無有相違；六者決定智，了知無我無眾生等；七者三世智，善能分別三世輪轉；八者一切智智，謂般若波羅蜜於一切處無不證入；是名為智八種清淨。

復次，諸仁者！應知調伏亦以八法而得清淨。何等為八？一者內恒寂靜，二者外護所行，三者不捨三界，四者隨順緣起，五者觀察諸法其性無生，六者觀察諸法無有作者，七者觀察諸法本來無我，八者畢竟不起一切煩惱，是名調伏八種清淨。

復次，諸仁者！應知不放逸亦以八法而得清淨。何等為八？一者不污尸羅，二者恒淨多聞，三者成就諸定，四者修行般若，五者具足神通，六者不自貢高，七者滅諸諍論，八者不退善法；是名不放逸八種清淨。

諸仁者！若諸菩薩住不放逸，則不失三種樂；何者為三？所謂諸天樂、禪定樂、涅槃樂。又則解脫三惡道；何者為三？所謂地獄道、畜生道、餓鬼道。又則不為三種苦之所逼迫；何者爲三？所謂生苦、老苦、死苦。又則永離三種畏；何者爲三？所謂不活畏、惡名畏、大眾威德畏。又則超出三種有；何者爲三？所謂欲有、色有、無色有。又則滌除三種垢；何者爲三？所謂貪欲垢、瞋恚垢、愚癡垢。又則圓滿三種學；何者爲三？所謂戒學、心學、慧學。又則得三種清淨；何者爲三？所謂身清淨、語清淨、意清淨。又則具足三種所成福；何者爲三？所謂施所成福、戒所成福、修所成福。又則能修三種解脫門；何者爲三？所謂空解脫門、無相解脫門、無願解脫門。又則令三種種性永不斷絕；何者爲三？所謂佛種性、法種性、僧種性。諸仁者！不放逸行有如是力，是故汝等應共修行。

復次，諸仁者！菩薩所行六波羅蜜，一一具有三所治障，若住不放逸，速能除斷。何等爲三？謂自不布施，不欲他施，瞋能施者；自不持戒，不欲他持，瞋能持者；自不忍辱，不欲他忍，瞋能忍者；自不精進，不欲他精進，瞋能精進者；自不修定，不欲他修，瞋能修者；自無智慧，不欲他有，瞋能有者。如是名爲菩薩六度，一一見有三障差別，不放逸行之所除斷。

復次，諸仁者！菩薩所行六波羅蜜，各以三法而得成滿，此三皆從不放逸生。何等爲三？布施三者，謂一切能捨、不求果報、迴向菩提；持戒三者，謂重心敬授、護持不缺、迴向菩提；忍辱三者，謂柔和寬恕、自護護他、迴向菩提；精進三者，謂不捨善軛、無來去想、迴向菩提；禪定三者，謂遍入諸定、無所攀緣、迴向菩提；般若三者，謂智光明徹、滅諸戲論、迴向菩提。如是名爲菩薩六度，一一三種能成滿法，不放逸行之所生長。

復次，諸仁者！一切菩薩以不放逸故，速得成就三十七種菩提分等所有善法，證於諸佛無上菩提。云何速成菩提分法？謂諸菩薩以不放逸故修四念處，不經勤苦疾得圓滿。云何修耶？謂觀身處無所有，觀察處無所有，觀心處無所有，觀法處無所有，於一切法皆無所得，如是名爲修四念處。

又，諸菩薩以不放逸故，修四正勤，疾得圓滿。云何修習？謂諸菩薩雖恒觀察一切諸法本來無生、無得、無起、無有作者，猶如虛空，而爲未生諸惡不善法令不生故，攝心正住，勤行精進；雖觀一切法無業無果，而爲諸眾生已生諸惡不善法欲令斷故，攝心正住，勤行精進；雖信解一切法空無所有，而爲未生諸善法欲令生故，攝心正住，勤行精進；雖知諸法本來寂靜，而爲已生諸善法欲令住故，不退失故，更增長故，攝心正住，勤行精進。是諸菩薩雖恒觀察一切諸法無有所作、無能作者，體相平等，是中無有少法可得，若生若滅，而常精進，修習不捨，是則名爲修正勤耳。

又，諸菩薩以不放逸故，修四神足，疾得圓滿。云何修習？謂諸菩薩雖永斷欲貪，而恒不捨諸善法，欲若身若心常修善行，雖觀諸法空無所得，而爲化眾生勤行精進；雖了知心識如幻如化，而恒不捨具諸佛法，成正覺心；雖知諸法無依無作，不可取著，而恒隨所聞如理思惟；如是名爲修習神足。

又諸菩提以不放逸故，修習五根，疾得圓滿。云何修習？謂諸菩薩雖依自力而有覺悟，不從他聞，然教化眾生，令其了知，發生深信；雖無來想亦無去想，而勤遍修行一切智行；雖於境界無念無憶，而於其中不忘不愚；雖以智光開了諸法，而恒正定，寂然不動；雖常安住平等法性，而斷眾翳障、戲論、分別；如是名爲修習五根。

又，諸菩薩以不放逸故，修習五力，疾得圓滿。云何修習？謂諸菩薩修信力時，一切外論不能傾動；修精進力，一切惡魔無能沮壞；以修念力，不入聲聞、辟支佛地；修定力故，疾得遠離五蓋煩惱；以智慧力，永不取於諸見境界；是則名爲修習五力。

又，諸菩薩以不放逸故，修七覺分，疾得圓滿。云何修耶？謂諸菩薩於一切善法恒不忘失，是修念覺分；於諸緣起常樂觀察，是修擇法覺分；行菩提道永不退轉，是修精進覺分；知法而足，無所希求，是修喜覺分；遠離身心散動之失，是修猗覺分；入空無相，無願解脫，是修定覺分；離於生起學習之心，是修捨覺分；是名爲修七覺分法。

又，諸菩薩以不放逸故，修八聖道，疾得圓滿。云何修習？謂永離於斷常見故，名修習正見，離於欲覺、恚覺、害覺故，名修習正思惟；遠離自他不平等故，名修習正語；離於諂僞不實相故，名修習正命；離於怯弱身心事故，名修習正業；離自矜足慢他心故，名修習正勤；離諸惛愚，名修習正念；息諸分別，名修習正定；是名修習八聖道分。

諸仁者！我以如前所說之義，言諸菩薩住不放逸，則得成就三十七種菩提分等一切善法，證於諸佛無上菩提。諸仁者！此不放逸菩薩入於如是菩提分法已，則出一切生死淤泥，出生死已，於一切法都無所見；無所見故，無所言說；無所言說故，則得入於畢竟寂靜。云何名爲畢竟寂靜？以一切法非所作，非所作故，不可取；不可取故，無有用；無有用故，不可安立；以之爲有，不可安立；以爲有故，應知即是畢竟寂靜。

說是法時，會中有一萬二千天子遠塵離垢，法眼清淨。

爾時，善勝天子復白文殊師利菩薩言：大士！云何名修行菩薩道？文殊師利菩薩言：

天子！若菩薩雖不捨生死，而不爲生死諸惡所染；雖不住無爲，而恒修無爲功德；雖具修行六波羅蜜，而示現聲聞、辟支佛行；是名修行菩薩道。

復次，天子！若菩薩雖於空清淨而善示諸境，亦不取於境；雖於無相清淨而善入諸相，亦不執於相；雖於無願清淨而善行三界，亦不著於界；雖於無生無滅清淨而善說生滅，亦不受生滅。所以者何？此調伏心菩薩雖了知一切法空無所有，然以諸眾生於境界中而生見著，以見著故增長煩惱，菩薩欲令斷諸見著而爲說法，令知一切境界是空。如說於空、無相、無願、無生、無滅，皆亦如是，是名修行菩薩道。

復次，天子！有往有復，名修菩薩道。云何名爲有往有復？觀諸眾生心所樂欲，名之爲往；隨其所應而爲說法，名之爲復。自入三昧，名之爲往；令諸眾生得於三昧，名之爲復。自行聖道，名之爲往；而能教化一切凡夫，名之爲復。自得無生忍，名之爲往；令諸眾生皆得此忍，名之爲復。自以方便出於生死，名之爲往；又令眾生而得出離，名之爲復。心樂寂靜，名之爲往；常在生死教化眾生，名之爲復。自勤觀察往復之行，名之爲往；爲諸眾生說如斯法，名之爲復。修空、無相、無願解脫，名之爲往；爲令眾生斷於三種覺觀心故而爲說法，名之爲復。堅發誓願，名之爲往；隨其誓願拯濟眾生，名之爲復。發菩提心願坐道場，名之爲往；具修菩薩所行之行，名之爲復。是名菩薩往復之道。

說此法時，會中有菩薩五百人皆得無生法忍。

爾時，善勝天子白文殊師利菩薩言：大士！我曾聞有一切功德光明世界，如是世界在何方所，佛號何等於中說法？文殊師利菩薩言：大士！於此上方過十二恆河沙佛土，有世界名一切功德光明，佛號普賢如來、應、正等覺，在此土中演說正法。善勝天子言：大士！我心欲見彼之世界及彼如來，惟願仁慈示我令見。

時，文殊師利菩薩即入三昧，此三昧名離垢光明，從其身中放種種光，其光上徹十二恒河沙佛土，至一切功德光明世界，種種色光，遍滿其國。彼諸菩薩見是光已，得未曾有，合掌恭敬，白普賢如來言：世尊！今此光明從何所來？普賢佛言：善男子！於此下方過十二沙恆河沙佛土，有世界名娑婆，佛號釋迦牟尼如來、應、正、等覺，今現在彼敷演法教。彼有菩薩名文殊師利，住不退轉，入離垢光明三昧，於其身中放種種光，其光遠至十方無量阿僧祇世界，一一世界光悉充滿，是故今者有此光明。彼諸菩薩復作是言：世尊！我等今者皆願得見娑婆世界釋迦牟尼佛，及文殊師利菩薩。

爾時，普賢如來即於足下千輻相中放大光明，其光朗曜，過彼下方十二恒河沙佛土入此世界，光悉周遍。彼諸菩薩以佛光明，莫不見此娑婆世界及釋迦牟尼佛諸菩薩等，此土菩薩亦見彼國及普賢如來並菩薩眾。

爾時，普賢如來告諸菩薩言：娑婆世界恒說大法，汝等誰能往彼聽受？眾中有菩薩名執智炬，從座而起，白言：世尊！我今願欲承佛神力，往娑婆世界，惟願如來垂哀見許。普賢如來言：善男子！今正是時，當疾往詣。

爾時，執智炬菩薩與諸菩薩十億人俱，頭頂敬禮普賢如來，合掌恭敬，右遶七匝，於彼國沒。譬如壯士屈伸臂頃，到娑婆世界兜率天宮善住樓觀中，文殊師利菩薩眾會之前，曲躬合掌，禮文殊師利菩薩足而作是言：大士！汝所舒光至於我國，我世尊普賢如來、應、正等覺垂許我等來此世界，為見大士，禮事瞻仰，聽聞法故。

爾時，欲色界諸天子見彼國土諸來菩薩已，咸作是言：善哉，善哉！不可思議！甚為希有！甚為希有！文殊師利善權大士乃有如是神通變化，以三昧力放是光明，而能至彼上方世界，令諸菩薩疾來詣。此時文殊師利菩薩復為大眾廣宣妙法，眾中有七十二那由他諸天子眾深生信解，發阿耨多羅三藐三菩提心。

爾時，文殊師利菩薩於兜率天宮所為事畢，與諸菩薩、釋、梵、四天王等無量諸天，及一切功德光明國土諸來菩薩，不起於坐，於天宮沒，一念之間到於佛所，皆從座起，頂禮佛足，合掌恭敬，右遶七匝。遶佛畢已，時，執智炬菩薩與其同類十億人前白佛言：世尊！普賢如來致問起居少病、少惱、安樂行不？子時，世尊如法慰問諸菩薩已，普觀一切諸來大眾，敕令復坐，廣為說法，莫不歡喜。

爾時，世尊復告眾言：汝當當知！此文殊師利童子、執智炬菩薩，為欲成熟無量眾生，現此神通變化之事。此二丈夫已能成就種種方便，獲於深理智慧辯才，已於無量阿僧祇劫施作佛事，為眾生故，生於世間。若有眾生得見此二菩薩者，應知則得六根自在，永不入於眾魔境界。

爾時，執智炬菩薩及所同來諸菩薩眾，入此國土，得見世尊，聽聞法故，證無生忍。既得忍已，右遶於佛，敬禮雙足。當爾之時，此三千大千世界爲之震動，是諸菩薩即於佛前沒而不現，須臾之頃還到本國。

爾時，世尊告長老阿難言：此法門汝當奉持，廣爲人說。阿難言：唯！世尊！此法門當名之？云何奉持？佛言：此法門名文殊師利所說不思議佛境界，如是奉持。

佛說此經已，善勝天子、長老阿難及一切世間天、人、阿修羅、乾闥婆等，皆大歡喜，信受奉行。

04《大寶積經》卷第二十九 文殊師利普門會

大唐三藏菩提流志奉　　詔譯

如是我聞：一時，佛在王舍城耆闍崛山中與大比丘眾八百人俱，菩薩摩訶薩四萬二千。時，有菩薩名無垢藏，與九萬二千諸菩薩眾，恭敬圍遶從空而來。爾時，世尊即告大眾：「彼諸菩薩，爲遍清淨行世界普花如來，勸發來此娑婆世界，令於我所聽受普入不思議法門，其諸菩薩亦當集會。」

說是語已，無量無邊他方此界諸菩薩眾，悉來集會耆闍崛山，頂禮佛足，卻住一面。

爾時，無垢藏菩薩手持七寶千葉蓮花，至如來所頭面禮足，白佛言：「世尊！遍清淨行世界普花如來，以是寶花奉上世尊，致問無量：少病、少惱，起居輕利安樂行不？」作是語已，即昇虛空結跏趺坐。

爾時，文殊師利菩薩摩訶薩於大眾中即從座起，偏袒右肩，右膝著地，合掌恭敬而白佛言：「我念過去久遠世時，曾於普燈佛所，聞說普入不思議法門。我於爾時，即便獲得八千四百億那由他三昧，又能了知七十七萬億那由他三昧。善哉！世尊！願垂哀愍，爲諸菩薩說此法門。」

爾時，佛告文殊師利：「汝今諦聽！善思念之！當為汝說。」

文殊師利言：「唯然！世尊！願樂欲聞。」

佛言：「若諸菩薩欲學此法，應當修習諸三昧門，所謂：色相三昧、聲相三昧、香相三昧、味相三昧、觸相三昧、意界三昧、女相三昧、男相三昧、童男相三昧、童女相三昧、天相三昧、龍相三昧、夜叉相三昧、乾闥婆相三昧、阿修羅相三昧、迦樓羅相三昧、緊那羅相三昧、摩睺羅伽相三昧、地獄相三昧、畜生相三昧、閻魔羅界三昧、貪相三昧、瞋相三昧、癡相三昧、不善法三昧、善法三昧、有為三昧、無為三昧。文殊師利！若諸菩薩於如是等一切三昧，善通達者，是則已為修學此法。文殊師利！云何名為色相三昧？」

即說頌曰：

觀色如聚沫，中無有堅實，不可執持故，是名色三昧。

「復次，文殊師利！云何名為聲相三昧？」

即說頌曰：

觀聲如谷響，其性不可得；諸法亦如是，無相無差別，
了知皆寂靜，是名聲三昧。

「復次，文殊師利！云何名為香相三昧？」

即說頌曰：

假令百千劫，常嗅種種香，如海納眾流，而無有厭足。

其香若是實，則應可滿足，但有假名字，其實不可取。

以不可取故，鼻亦無所有，了知性空寂，是名香三昧。

「復次，文殊師利！云何名為味相三昧？」

即說頌曰：

舌根之所受，鹹醋等諸味，皆從眾緣生，其性無所有。

若能如是知，因緣和合起，了此不思議，是名味三昧。

「復次，文殊師利！云何名為觸相三昧？」

即說頌曰：

觸但有名字，其性不可得，細滑等諸法，皆是從緣生。

若能知觸性，因緣和合起，畢竟無所有，是名觸三昧。

「復次，文殊師利！云何名為意界三昧？」

即說頌曰：

設集三千界，無量諸眾生，一心共思求，意界不可得。

不在於內外，亦不可聚集，但以於假名，說有種種相。

猶如於幻化，無住無處所，了知彼性空，是名意三昧。

「復次，文殊師利！云何名為女相三昧？」

即說頌曰：

四大假為女，其中無所有，凡夫迷惑心，執取以為實。

女人如幻化，愚者不能了，妄見女相故，生於染著心。

譬如幻化女，而非實女人，無智者迷惑，便生於欲想。

如是了知已，一切女無相，此相皆寂靜，是名女三昧。

「復次，文殊師利！云何名為男相三昧？」

即說頌曰：

自謂是男子，見彼爲女人，由斯分別心，而生於欲想。
欲心本無有，心相不可得，由妄分別故，於身起男想。
是中實無男，我說如陽焰，知男相寂靜，是名男三昧。

「復次，文殊師利！云何名爲童男相三昧？」

即說頌曰：

如樹無根枝，花則不可得，以花無有故，其果亦不生。
由無彼女人，童男亦非有，隨於分別者，假說如是名。
了知彼女人，及童男非有，能如是觀察，是童男三昧。

「復次，文殊師利！云何名爲童女相三昧？」

即說頌曰：

如斷多羅樹，畢竟不復生，何有智慧人，於中求果實？
若有能了知，諸法無生者，不應起分別，童女爲能生。
又如焦穀種，其芽本不生，女人亦復然，是童女三昧。

「復次，文殊師利！云何名爲天相三昧？」

即說頌曰：

因清淨信心，及以眾善業，受諸天勝報，端正殊妙身。
珍寶諸宮殿，非由造作成，曼陀羅妙花，亦無種植者。
如是不思議，皆因業力起，能現種種相，猶若淨琉璃。
如是殊妙身，及諸宮殿等，皆從虛妄生，是名天三昧。

「復次，文殊師利！云何名爲龍相三昧？」

即說頌曰：

受此諸龍身，由不修於忍，興澍大雲雨，遍滿閻浮提。
不從前後際，亦不在中間，而能生此水，復歸於大海。
如是諸龍等，積習性差別，起於種種業，業亦無有生。
一切非眞實，愚者謂爲有，能如是了知，是名龍三昧。

「復次，文殊師利！云何名爲夜叉相三昧？」

即說頌曰：

是大夜叉身，從於自心起，是中無有實，妄生於恐怖。
亦無有怖心，而生於怖畏，觀法非實故，無相無所得。
空無寂靜處，現此夜叉相，如是知虛妄，是夜叉三昧。

「復次，文殊師利！云何名爲乾闥婆相三昧？」

即說頌曰：

伎實無所趣，名言假施設，了知趣非趣，乾闥婆三昧。

「復次，文殊師利！云何名爲阿修羅相三昧？」

即說頌曰：

修羅相所印，其相本無生，無生故無滅，阿修羅三昧。

「復次，文殊師利！云何名爲迦樓羅相三昧？」

即說頌曰：

無身以爲身，名字假施設，名相無所有，迦樓羅三昧。

「復次，文殊師利！云何名爲緊那羅相三昧？」

即說頌曰：

法無作而作，說爲緊那羅，了知此不生，緊那羅三昧。

「復次，文殊師利！云何名爲摩睺羅伽相三昧？」

即說頌曰：

彼由於名字，隨世而安立，是中無有法，而妄起分別。

了知此分別，自性無所有，彼相寂靜故，摩睺羅三昧。

「復次，文殊師利！云何名爲地獄相三昧？」

即說頌曰：

地獄空無相，其性極清淨，是中無作者，從自分別生。

我坐道場時，了此無生相，無相無生故，其性如虛空；

此相皆寂靜，　　是地獄三昧。

「復次，文殊師利！云何名爲畜生相三昧？」

即說頌曰：

如雲現眾色，是中無有實，能令無智人，於此生迷惑。

於彼畜生趣，而受種種身，猶如虛空雲，現於諸色像。

了知業如幻，不生迷惑心，彼相本寂靜，是畜生三昧。

「復次，文殊師利！云何名爲閻魔羅界三昧？」

即說頌曰：

造作純黑業，及以雜業者，流轉閻羅界，受於種種苦。

實無閻羅界，亦無流轉者，自性本無生，諸苦猶如夢。

苦能如是觀，閻羅界三昧。

「復次，文殊師利！云何名爲貪相三昧？」

即說頌曰：

貪從分別生，分別亦非有，無生亦無相，住處不可得。

貪性如虛空，亦無有建立，凡夫妄分別，由斯貪染生。

法性本無染，清淨如虛空，十方遍推求，其性不可得。
不了性空故，見貪生怖畏，無畏生畏想，於何得安樂？
譬如愚癡人，怖畏於虛空，驚懼而馳走，避空不欲見。
虛空遍一切，於何而得離？愚夫迷惑故，顛倒分別生。
貪本無自性，妄生厭離心，如人欲避空，終無能脫者。
諸法性自離，猶如於涅槃，三世一切佛，了知貪性空。
住此境界中，未曾有捨離，於貪怖畏者，思惟求解脫。
如是貪自性，究竟常清淨，我證菩提時，了達皆平等。
若執貪爲有，於彼當捨離，由妄分別故，而言捨離貪。
此唯分別心，實無有捨離，其性不可得，亦無有滅壞。
平等實際中，無解脫分別，若於貪解脫，於空亦解脫。
虛空及與貪，無盡無差別，若見差別者，我說令捨離。
貪實無有生，妄起生分別，彼貪本性空，但有假名字。
不應以此名，而生於執著，了貪無染故，是則畢竟空。
不由滅壞貪，而得於解脫，貪法與佛法，平等即涅槃。
智者應當知，了貪寂靜已，入於寂靜界，是名貪三昧。
「復次，文殊師利！云何名爲瞋相三昧？」
即說頌曰：
以虛妄因緣，而起於瞋恚，無我執爲我，及由麁惡聲。
起猛利瞋心，猶如於惡毒，音聲及瞋恚，究竟無所有。
如鑽木出火，要假眾緣力，若緣不和合，火終不得生。
是不悅意聲，畢竟無所有，知聲性空故，瞋亦不復生。

瞋不在於聲，亦不身中住，因緣和合起，離緣終不生。

如因乳等緣，和合生酥酪，瞋自性無起，因於麁惡聲。

愚者不能了，熱惱自燒然，應當如是知，究竟無所有。

瞋性本寂靜，但有於假名，瞋恚即實際，以依眞如起。

了知如法界，是名瞋三昧。

「復次，文殊師利！云何名爲癡相三昧？」

即說頌曰：

無明體性空，本自無生起，是中無少法，而可說爲癡。

凡夫於無癡，而妄生癡想，於無著生著，猶若結虛空。

奇哉愚癡人，不應作而作，諸法皆非有，雜染分別生。

如欲取虛空，安置於一處，設經千萬劫，終無有積聚。

愚夫從本來，經不思議劫，所起於癡結，而無少分增。

如彼取虛空，終無有增減，多劫集於癡，增減亦如是。

又如於橐籥，受風無際限，愚癡著欲樂，無有厭足時。

是癡無所有，無根無住處，以根非有故，亦無癡可盡。

以癡無盡故，邊際不可得，是故諸眾生，我不能令盡。

設我一日中，能度三千界，所有諸眾生，皆令入涅槃。

復經不思議，無量千萬劫，日日如是化，眾生界不盡。

癡界眾生界，是二俱無相，彼皆如幻化，故不能令盡。

癡性與佛性，平等無差別，若分別於佛，彼則住愚癡。

癡及一切智，性皆不可得，然彼諸眾生，皆與癡平等。

眾生不思議，癡亦不思議，以不思議故，不應起分別。

如是思惟心，思量不可得，癡亦不可量，以無邊際故。既無有邊際，從何而得生？自性無生故，相亦不可得。了癡無有相，觀佛亦復然，應當如是知，一切法無二。癡性本寂靜，但有於假名，我證菩提時，亦了癡平等；能作如是觀，是名癡三昧。

「復次，文殊師利！云何名爲不善三昧？」

即說頌曰：

知彼貪瞋癡，種種諸煩惱，所有諸行相，虛妄無眞實；能如是觀察，是不善三昧。

「復次，文殊師利！云何名爲善法三昧？」

即說頌曰：

汝等應當知，諸善意樂者，心行各差別，皆同於一行。以一出離相，了知於一切，皆悉寂靜故，是名善三昧。

「復次，文殊師利！云何名爲有爲三昧？」

即說頌曰：

汝等應當知，一切有爲法，非是所造作，亦無可稱量。我了知諸行，性無有積集，一切皆寂靜，名有爲三昧。

「復次，文殊師利！云何名爲無爲三昧？」

即說頌曰：

無爲性寂靜，於中無所著，亦復無出離，但有假名字。爲執著眾生，而說彼名字，能如是了知，名無爲三昧。

爾時，世尊說如是等不可思議微妙偈時，九萬二千菩薩得無生法忍，三萬六千比丘而於諸漏心得解脫，七十二萬億那由他諸天及六千比丘尼、一百八十萬優婆塞、二千二百優婆夷等，皆發阿耨多羅三藐三菩提心。

爾時，文殊師利菩薩復白佛言：「唯願，世尊！爲諸菩薩演說種種三昧名字，令其聞者諸根通利，而於諸法得智慧明，不爲一切邪見眾生之所摧伏，亦令證得四無礙辯，於一文字而能了知種種文字，於諸文字了一文字；復以無邊辯才，爲諸眾生善說法要，亦令證得甚深法忍，於一剎那了一切行，是一切行各各復有無邊行相，皆能了知。

佛言：「文殊師利！有三昧名無邊離垢，若菩薩得此三昧，能現一切諸清淨色。復有三昧名可畏面，得此三昧，有大威光映蔽日月。復有三昧名出焰光，得此三昧，能蔽一切釋、梵威光。復有三昧名爲出離，得此三昧，令諸眾生出離一切貪、恚、愚癡。復有三昧名無礙光，得此三昧，則能照曜一切佛剎。復有三昧名無忘失，得此三昧，能持諸佛所說教法，亦能爲他敷演斯義。復有三昧名曰雷音，得此三昧，善能顯示一切言音上至梵世。復有三昧名爲喜樂，得此三昧，令諸眾生喜樂滿足。復有三昧名喜無厭，得此三昧，其見聞者無有厭足。復有三昧名專一境難思功德，得此三昧，而能示現一切神變。復有三昧名解一切眾生語言，得此三昧，善能宣說一切語言，於一字中說一切字，了一切字同於一字。復有三昧名超一切陀羅尼王，得此三昧，能善了知諸陀羅尼。復有三昧名爲一切辯才莊嚴，得此三昧，善能分別一切文字種種言音。復有三昧，名爲積集一切善法，得此三昧，能令眾生悉聞佛聲、法聲、僧聲、聲聞聲、緣覺聲、菩薩聲、波羅蜜聲，如是菩薩住三昧時，令諸眾生聞聲不絕。」

爾時，文殊師利白佛言：「唯願，世尊！加威護念，令我獲得無礙辯才，說此法門殊勝功德。」

佛言：「善哉！隨汝所願。」

文殊師利復白佛言：「若有菩薩於此法門，受持讀誦無疑惑者，當知是人於現身中，決定獲得四種辯才，所謂：捷疾辯才、廣大辯才、甚深辯才、無盡辯才。於諸眾生心常護念，隨所修行欲毀壞者，皆能覺悟，令無毀壞。」

爾時，世尊讚文殊師利菩薩言：「善哉！善哉！汝於斯義能善分別，如布施者獲大財富，持禁戒者決定生天；若能受持此經典者，現得辯才必無虛妄，如日光出能除諸瞑，亦如菩薩坐菩提座，成等正覺決定無疑。受持讀誦是經典者，現得辯才亦復如是。文殊師利！若復有人，於現身中欲求辯才，當於此經心生信樂，受持讀誦，廣爲人說，勿生疑惑。」

爾時，無垢藏菩薩白佛言：「世尊！若諸菩薩佛涅槃後，於此法門心無疑惑，受持讀誦，爲他廣說，我當攝受加其辯才。」

爾時，天魔波旬愁憂苦惱，悲涕流淚，來詣佛所，而白佛言：「如來昔證無上菩提，我於爾時已懷憂惱；復於今者說此法門，倍生大苦如中毒箭，若諸眾生聞是經典，決定當於阿耨多羅三藐三菩提無有退轉入般涅槃，令我境界皆悉空虛。如來、應、正等覺能令一切諸苦眾生咸得安樂，願垂哀愍興大慈悲，不於此經加威護念，令我安隱，憂苦皆除。」

爾時，世尊告波旬言：「勿懷憂惱！我於此法不作加護，諸眾生等亦不涅槃。」天魔波旬聞是語已，歡喜踊躍，憂惱悉除，即於佛前忽然不現。

爾時，文殊師利菩薩前白佛言：「如來今者有何密意，告波旬言：『我於此法不作加護？』」

佛言：「文殊師利！以無加護加護此法，是故為彼說如是言。以一切法平等實際，皆歸眞如同於法界，離諸言說不二相故，無有加護。以我如是誠實之言，無有虛妄，能令此經於閻浮提廣行流布。」

爾時，世尊說是語已，告阿難言：「此經名為普入不思議法門。若能受持如是經典，則為受持八萬四千法門等無差別。何以故？我於此經善通達已，方能為彼諸眾生等，演說八萬四千法門。是故，阿難！汝於此法當善護持，讀誦流通無令忘失。」

佛說是經已，文殊師利菩薩、無垢藏菩薩、尊者阿難及諸世間天人、阿修羅、乾闥婆等，聞佛所說，皆大歡喜，信受奉行。

05《文殊師利發願經》

東晉天竺三藏佛陀跋陀羅譯

身口意清淨　除滅諸垢穢　一心恭敬禮　十方三世佛
普賢願力故　悉覩見諸佛　一一如來所　一切剎塵禮
菩薩眾圍遶　法界塵亦然　以眾妙音聲　宣揚諸最勝
無量功德海　不可得窮盡　以普賢行力　無上眾供具
供養於十方　三世一切佛　以妙香華鬘　種種諸伎樂
一切妙莊嚴　普供養諸佛　我以貪恚癡　造一切惡行
身口意不善　悔過悉除滅　一切眾生福　諸聲聞緣覺
菩薩及諸佛　功德悉隨喜　十方一切佛　初成等正覺
我令悉勸請　轉無上法輪　示現涅槃者　合掌恭敬請
住一切塵劫　安樂諸群生　我所集功德　迴向施眾生
究竟菩薩行　逮無上菩提　悉供養過去　現在十方佛
願未來世尊　速成菩提道　普莊嚴十方　一切諸佛剎
如來坐道場　菩薩眾充滿　令十方眾生　除滅諸煩惱
深解眞實義　常得安樂住　我修菩薩行　成就宿命智
除滅一切障　永盡無有餘　悉遠離生死　諸魔煩惱業
猶日處虛空　蓮花不著水　遍行遊十方　教化諸群生
除滅惡道苦　具足菩薩行　雖隨順世間　不捨菩薩道
盡未來際劫　具修普賢行　若有同行者　願常集一處

身口意善業　皆悉令同等　若遇善知識　開示普賢行
於此菩薩所　親近常不離　常見一切佛　菩薩眾圍繞
盡未來際劫　悉恭敬供養　守護諸佛法　讚歎菩薩行
盡未來劫修　究竟普賢道　雖在生死中　具無盡功德
智慧巧方便　諸三昧解脫　一一微塵中　見不思議剎
於一一剎中　見不思議佛　見如是十方　一切世界海
一一世界海　悉見諸佛海　於一言音中　具一切妙音
一一妙音中　具足最勝音　甚深智慧力　入無盡妙音
轉三世諸佛　清淨正法輪　一切未來劫　悉能作一念
三世一切劫　悉爲一念際　一念中悉見　三世諸如來
亦普分別知　解脫及境界　於一微塵中　出三世淨剎
一切十方塵　莊嚴剎亦然　悉見未來佛　成道轉法輪
究竟佛事已　示現入涅槃　神力遍遊行　大乘力普門
慈力覆一切　行力功德滿　功德力清淨　智慧力無礙
三昧方便力　逮得菩提力　清淨善業力　除滅煩惱力
壞散諸魔力　具普賢行力　嚴淨佛剎海　度脫眾生海
分別諸業海　窮盡智慧海　清淨諸行海　滿足諸願海
悉見諸佛海　我於劫海行　三世諸佛行　及無量大願
我皆悉具足　普賢行成佛　普賢菩薩名　諸佛第一子
我善根迴向　願悉與彼同　身口意清淨　自在莊嚴剎
逮成等正覺　皆悉同普賢　如文殊師利　普賢菩薩行
我所有善根　迴向亦如是　三世諸如來　所歎迴向道

我迴向善根　成滿普賢行　願我命終時　除滅諸障礙
面見阿彌陀　往生安樂國　生彼佛國已　成滿諸大願
阿彌陀如來　現前授我記　嚴淨普賢行　滿足文殊願
盡未來際劫　究竟菩薩行

文殊師利發願經

06 聖妙吉祥真實名經

元講經律論習蜜教
土番譯主聶崖沙門釋智譯

敬禮孺童相妙吉祥

復次吉祥持金剛　難調伏中勝調伏
勇猛超出三界內　自在金剛密中勝
眼如白蓮妙端正　面貌圓滿若蓮華
自手持執勝金剛　時時仰上作拋擲
復次第現忿等像　亦有無邊持金剛
勇猛調伏難調者　具威猛相極怖畏
於金剛尖出勝光　自手向上令拋擲
有大慈悲及智慧　方便益生極殊勝
具足喜樂安隱心　示有忿怒之形相
於行正覺行中尊　眾皆來集身恭謹
向彼如來末遏鑁　究竟正覺禮敬已
於前恭敬伸合掌　端坐正念而告白
遍主與我作饒益　益我慈悲於我故
如幻網中成究竟　願我真實獲菩提
有諸煩惱亂其心　不解泥中而沒溺
為利一切有情類　令獲無上之果故

究竟正覺出有壞　是有情師及導師
亦大記句達眞性　了知根心殊勝者
彼出有壞之智身　是大頂旋言詞主
亦是智身自超出　妙吉祥智勇識者
誦彼殊勝眞實名　是甚深義廣大義
無比大義勝柔軟　初善中善及後善
過去正覺等已說　於未來中當演說
現在究竟等正覺　亦遍數數皆宜說
大幻化網本續中　持大金剛持密咒
如彼無邊諸佛敕　妙音宣暢今當說
世尊究竟正覺等　願成眞實持咒故
如我決定未出間　當勤堅固而受持
遠離煩惱令無餘　於諸謬解捨離故
即以無別無異心　爲諸有情願宣說
密自在者持金剛　向如來前說是言
告白畢已而合掌　以身恭敬坐其前
復次釋迦出有壞　究竟正覺兩足尊
於自面門殊勝舌　廣長橫遍令舒演
顯現三種世界內　調伏四魔諸怨敵
有情皆具三惡趣　爲現清淨微笑相
於其清淨梵音中　遍滿三種世界已
爲持金剛大力者　密自在主而答說

具足有大慈悲者　汝為利益有情故
具足智身妙吉祥　誦眞實名是大益
能作清淨除罪業　於我精勤應諦聽
善哉吉祥持金剛　手持金剛汝善哉
密主我為此事故　為汝巧妙令宣說
汝今一心應諦聽　唯然未遏鑁善哉
復次釋迦出有壞　一切密咒大種性
密咒明咒持種性　於其三種令觀察
世間及出世間性　顯作世間大種性
殊勝廣大手印種　大種大髻應觀察
言詞之主演偈頌　密咒王者具六種
將令顯出於無二　無生法者自宣說

啞阿長呼依倚引烏鄔引口英口哀引一阿嗃引口亢欠啞悉低二合哆口紇哩二合低二默捺沒隆二合低三囉上聲口降沒哆四母怛默五怛囉二合咄不囉二合低默六唵七末口則囉二合帝疙折二合捺辭身切渴情捺不囉二合默默捺呣哈二合怛英默捺葛二合也斡引宜說囉啊囉鉢拶捺拽矸捺麻此下十四頌。出現三十七菩提中國。故讚金剛菩提心即是八十六名數

如是正覺出有壞　究竟正覺啞中出
啞者一切字中勝　是大利益微妙字
諸境之內出無生　即此遠離於言說
是諸說中殊勝因　令顯一切諸言說
大供養者是大欲　一切有情令歡喜

大供養者即大瞋　一切煩惱廣大怨
大供養者即大癡　亦愚癡心除愚癡
大供養者即大忿　即是忿恚之冤讎
大供養者即貪欲　一切貪欲皆除斷
大欲即是於大樂　大安樂者大喜足
大境色與廣大身　大色并及大形像
大明及與大廣大　大中圍者是廣大
持於廣大智慧器　鉤煩惱鉤大中勝
普聞妙聞皆廣大　顯中即是廣大顯
解者執持大幻化　大幻化中成利益
大幻化內喜中喜　大幻化中施幻術
大施主中最爲尊　大持戒中持殊勝
於大忍辱即堅固　以大精進悉棄捨
以大禪定住靜慮　以大智慧令持身
具足大力大方便　大願勝智是大海
大慈自性無量邊　亦是大悲勝智慧
有大智慧具大智　大解即是大方便
具大神通及大力　大力及與大速疾
復大神通大名稱　大力令他令催伏
三有大山悉能壞　持大堅固大金剛
大緊即是大雄勇　於大怖中施怖畏
尊者大種即殊勝　上師密咒大殊勝

住在於彼大乘相　大乘相中最殊勝

此下三十四頌三句。是出現眾明主中圍故讚清淨法界一百八名數

廣大正覺眾明主　具大寂默大寂默
大密咒中令出現　有大密咒自性理
欲得十種到彼岸　住於十種彼岸中
十彼岸到是清淨　即是十種彼岸理
尊者十地自在者　住在於彼十地中
具知十種之自性　持於十種清淨者
十種義相義中義　自在寂默十力主
作諸利益無有遺　具有十種大自在
離彼無垢戲論主　眞如自性清淨王
言說眞實不諱句　如其所說而依行
於無二中說無二　住於眞實邊際中
無我師子具音聲　外道惡獸極怖畏
遊行一切有義中　速疾猶若如來心
勝及最勝勝怨中　於轉輪者施大力
集中之師集中勝　集王集主集自在
執持愛護大靈驗　大義不受他恩念
句王句主能言詞　句中自在句無邊
以眞實句說眞實　於彼四諦宣說者
不還之中復不還　教如緣覺及獨覺
種種決定超出中　彼諸大中獨一因

苾芻羅漢即漏盡　調伏諸根并離欲
獲得安樂無怖畏　成滿清涼亦無濁
明解及與於神足　世間善逝勝明解
於我不執不執我　住於二種諦理中
能到輪迴之彼岸　所作已畢住露地
於一智中而出現　以智慧器破一切
法王妙法具顯現　於世間中勝明照
以法自在法中王　能演妙道令宣說
有義成就滿誓願　捨離一切諸虛妄
無盡法界實離妄　勝妙法界極無盡
具大福田勝福足　智中廣大殊勝智
具足智者解有無　無二種中而積集
諸常見中勝禪定　誓修靜慮是智王
自解各各皆不動　最上勝者持三身
具足正覺五身性　遍主五種智自性
首冠莊嚴五覺性　持五種眼離執著
令諸正覺皆增長　正覺尊子勝微妙
勝智出有出生處　出現法中離三有
獨一堅固金剛性　初生已作有情主
現空性中自超出　勝智妙智如大火
以大光明遍照耀　以智慧明令顯現
是有情燈智慧炬　具有威勢顯光明

是勝咒主明咒王　密咒王者作大益
具大肉髻希有頂　大虛空主說種種
是諸正覺勝自性　具足有情歡喜眼
能令增長種種相　諸大仙等皆供讚
令持三種之密咒　大記句者持密咒
尊者守護三寶故　宣說最勝三乘法
眞勝有義之羂索　是大執持金剛索
金剛鐵鉤大羂索

此下十頌句。是出現不動佛中圍。故讚大圓鏡智即七十一名數

怖畏金剛施怖畏　金剛王者六面怖
六眼六臂力具足　亦是骨相咬牙者
曷辣曷辣具百面　是獄王主魔中王
有力金剛能作怖　名稱金剛金剛心
幻化金剛具大腹　金剛中生金剛主
是金剛心如虛空　不動獨髮相嚴身
所著大象生皮衣　大緊呵呵皆哮吼
希希聲吼能作怖　若作笑者有響笑
金剛喜笑大哮吼　金剛勇識大勇識
金剛王者大安樂　金剛堅者大歡喜
金剛吽者吽聲吼　器中執持金剛箭
金剛劍斷令無餘　眾持金剛具金剛
一種金剛能退敵　熾焰金剛施惡眼

金剛頭髮如焰熾　金剛降臨大降臨
具足百眼金剛眼　身中具有金剛毛
金剛毛者獨一身　指甲增長金剛尖
以金剛心皮堅硬　執金剛髮具吉祥
以金剛鬘而莊嚴　呵呵響笑決定吼
具六種字金剛聲　大柔和聲大音響
三世界中獨一音　遍虛空界聲哮吼
諸有聲中皆殊勝

此下四十二頌。出現無量壽佛中圍。故讚妙觀察智即二百七十五名數

眞實無我眞實性　即是眞際無有字
宣說空性眾中勝　甚深廣大聲哮吼
即是法螺具大聲　亦法犍椎大音聲
超越無住圓寂性　十方法中即大鼓
無色有色中微妙　具種種相意中生
具諸相者顯吉祥　執持影相使無餘
無能過中大名稱　三界之中大自在
住於最極聖道中　大興盛中之法幢
三世界中一孺童　長老尊者四生主
三十二相具莊嚴　三界所愛於中妙
是世間解爲勝師　是世勝師無怖畏
救世間尊意無私　救中救者而無上
盡空邊際悉受用　解一切中智慧海

解散一切無明縠　亦能破壞三有網
能滅無餘諸煩惱　到彼輪迴大海岸
勝智灌頂具頭冠　真實究竟令莊嚴
滅除三種諸苦惱　滅三毒得三解脫
決定解脫諸障難　住於如空平等中
超越一切煩惱垢　能解三時及無師
諸有情中即大尊　功德帶中之鬘帶
諸有身中即解勝　虛空道中真實住
持於如意大寶珠　遍主一切寶中勝
圓滿是大如意樹　勝妙淨瓶大中勝
能作有情諸利益　隨順有情而利益
亦解善惡及時辰　遍主解記具記句
解時及解有情根　亦能作於三解脫
具足功德解功德　解法讚歎現吉祥
吉祥之中最吉祥　吉祥名稱善名稱
大止息中大法筵　大歡喜中大音樂
恭敬承侍悉具足　勝喜名稱性吉祥
具勝施勝是尊者　微妙歸處堪歸救
於世怨中勝中勝　離一切怖無有餘
頂髻及髻各分埵　頭髮摸掺戴頭冠
五面具有五種髻　五髻各繫花髻帶
即是禿髮大勤息　行淨梵行勝勤息

大苦行者建苦行　微妙淨宮喬答彌
梵婆羅門解淨梵　超圓寂時得淨梵
脫離纏縛解脫身　解脫圓寂是圓寂
超越悲哀滅悲哀　微妙決定近出離
能除苦樂之邊際　離欲身中而超越
不可比量無與等　非見非顯非朗然
雖性不改亦普遍　微細無漏離種性
無塵離塵即無垢　離失捨除放過愆
最極寢寤覺自性　諸解諸明即微妙
識心超越於法性　持理即是無二智
離虛妄者默然成　修於三世正覺行
正覺無垢亦無邊　最初正覺亦無因
獨一智眼無垢染　具足智身即如來
以句自在廣宣說　演勝丈夫法中王
宣陳微妙殊勝處　詮說師子無與等
於勝觀察殊勝喜　積聚威勢是入意
熾焰光中吉祥相　手臂光耀令顯現
殊勝大醫即尊者　能離痛刺無有上
亦是諸藥枝茂樹　對治諸病大怨讐
入意三界中殊勝　吉祥遊宿具中圍
十方一切虛空界　建立法幢極微妙
遊行唯一廣大傘　即具慈悲妙中圍

吉祥蓮華舞自在　廣大邊主大寶傘
具於正覺大威勢　持於一切正覺身
是諸正覺大修習　是諸正覺唯正法
金剛大寶灌頂相　諸大寶性即自在
世間自在諸法性　持金剛者一切王
一切正覺即大心　一切正覺在心中
一切正覺之大身　亦是一切正覺語
金剛日是具大明　金剛月是無垢光
離欲等中是大欲　種種諸色熾焰光
金剛跏趺正等覺　執持眞實究竟法
吉祥正覺蓮華生　亦能攝持正覺藏
復持種種幻化王　廣大正覺持明咒
聰明金剛即大劍　眞實清淨殊勝字
是廣大乘除苦惱　金剛法者廣大器
金剛甚深唧哪唧　金剛智慧依義解
諸到彼岸皆究竟　一切地中具莊嚴
眞實清淨無我法　眞實智月殊勝光
廣大精進幻化網　本續一切殊勝主
金剛坐者具無餘　持於一切智慧身
一切殊勝妙智慧　即於心地持往復
一切正覺之大心　復持種種之化輪
是一切體殊勝性　亦持一切體自性

即無生法種種義　持於一切法自性
廣大智慧剎那中　解持諸法無遺餘
現解一切諸法者　勝持寂默眞實際
殊勝不動自性淨　持於正覺妙菩提
一切正覺現於前　智火熾焰光顯盛

此下二十四頌。讚平等性智。故即是出現寶生佛中圍即一百四名數

隨樂成就微妙義　一切惡趣悉清淨
諸有情中殊勝尊　一切有情令解脫
煩惱敵中獨勇猛　威猛能破愚癡怨
具吉祥智而嚴身　執持堅固之惡相
能令動於百種手　舉步相中而作舞
吉祥百手皆圓滿　遍空界中令作舞
大地中圍一界分　以一足跟堅踏之
以足爪甲界分內　淨梵世界盡令押
無二一義法之義　即微妙義無怖義
亦種種識具色義　於心意識具相續
體義無餘數歡喜　愛空之性殊勝智
捨離三有之貪欲　二有歡喜廣大者
色貌鮮潔若白雲　光明殊勝如秋月
亦如初出妙日輪　爪如赤銅光皎潔
頭冠殊勝尖末青　勝髮亦復紺青色
大寶光明具吉祥　正覺化身莊嚴身

諸百世界皆令動　而能具彼神足力
持於廣大實性念　四念住中靜慮王
以七覺支爲花香　即是如來功德海
解八道支義理故　是解眞實正覺道
於諸有情大分著　亦如虛空無所著
一切有情意中生　速疾猶如有情意
解諸有情根與義　能奪有情諸心意
亦解五蘊實性義　清淨五蘊令受持
決定出彼諸邊際　亦能出於決定中
向決定出道中住　宣說一切決定出
拔十二支三有根　持於清淨十二種
具有四諦之義相　解持八種之心識
十二實義令具足　十六實性現體解
以二十種成菩提　勝解一切正覺相
一切正覺幻化身　無邊億界令出現
彼諸刹那現了解　亦解刹那諸有義
種種乘者方便理　利益去來皆了解
決定出於三乘者　住在於彼一乘果
諸煩惱界清淨性　盡能滅除諸業果
過於一切江海中　寂靜如行中出現
煩惱及與隨煩惱　及以習氣皆棄捨
以於大悲智方便　於諸有情作利益

一切想義皆棄捨　亦令滅除心識意
能緣一切有情心　亦解一切有情意
在彼一切有情心　隨順一切有情意
充滿一切有情心　令諸有情心歡喜
成就究竟無錯謬　一切謬解皆捨離
於三義中無疑智　諸我三種功德性
五蘊義理三時中　於諸刹那能分別
一刹那中正等覺　持於一切正覺性
無身之身身中勝　解了諸身之邊際
種種諸相諸處顯　大寶即是大寶首

此下十五頌。讚成所作智。故出現有義成就佛中圍。即九十五名數

解了一切正覺者　正覺菩提即無上
出密咒處無文字　大密咒者是三種
諸密咒義令增長　大明點者無文字
大穴即是五種字　空明點者六種字
種種諸空無種種　十六半半具明點
亦無支分超於數　即四靜慮之初首
了解一切靜慮支　明解靜慮種族性
且靜慮身身中勝　受用身者一切勝
化身即是殊勝身　持彼化現之種性
種種化現十方中　依法利益於有情
自在之天天中天　非天自在非天主

自在無滅天之師　作壞作壞即自在
三有寂靜令超越　唯一師者有情師
名稱普於十方界　施法之主廣大者
備足莊嚴慈鎧者　以慈愍心爲堅甲
智慧如劍持弓箭　欲離不解煩惱敵
能降勇猛魔怨者　兼除四種怖畏魔
亦能退諸魔軍旅　究竟正覺救世間
是堪供讚禮敬處　亦是恒常承侍境
應供詠處最殊勝　眞堪禮敬勝上師
一步能遊三世界　如空無邊實鎭押
清淨三明是清淨　具六神通隨六種
菩提勇識大勇識　大神足者超世間
達彼智慧之實性　亦獲智慧之體性
一切自明令他明　殊勝丈夫於一切
超離一切諸譬喻　能智所智殊勝主
尊者即是法施主　宣說四種手印義
有情奉施殊勝主　決定所入三種住
微妙義中淨吉祥　三世間中大勝福
具足吉祥皆成辦　曼祖悉哩勝吉祥

此下五頌。如次結讚五智。大圓鏡、清淨法界、妙觀察、平等性成所作智。

如次一頌一智也

勝施金剛我敬禮　眞實邊際我敬禮

出現空性我敬禮　正覺菩提我敬禮
正覺貪著我敬禮　正覺欲者我敬禮
正覺歡喜我敬禮　正覺戲論我敬禮
正覺微笑我敬禮　正覺笑者我敬禮
正覺語者我敬禮　正覺心者我敬禮
出現無者我敬禮　出現正覺我敬禮
出現虛空我敬禮　出現智者我敬禮
幻化網者我敬禮　正覺顯論我敬禮
一切一切我敬禮　彼智身者我敬禮

持金剛金剛手，此妙吉祥智勇識不共眞實名，是出有壞之智身，一切如來之智身。汝今應當生大歡喜，滿淨意樂增長無上，即能清淨身語意三之密；若不能究竟、不能清淨地者，令到彼岸，福智二足皆悉圓滿，令其清淨。義無有上，若未解者令解，未得者令得。自此，至於一切如來微妙法理眞實持故；我為宣說、開示、顯解令其攝受。持金剛金剛手，此者我於汝種性中，及一切密咒法性攝受中，而作攝受。

持金剛金剛手，此眞實名者，即是一切如來最極清淨，眞實潔淨一切智智之性。身語意三之密，亦是一切正覺菩提。即能了解眞實究竟諸正覺故，亦是無上一切如來。體解一切善逝法界，於諸勝中而能破壞一切諸魔之力，一切十力中，即十力之十力；一切智智性中，即一切智智之性；是諸法中之勅，眞實成就一切正覺，亦是一切大菩提勇識，福智二足眞實究竟無垢最極清淨也；亦是一切聲聞緣覺出生之處，具足人天境界，是大乘之體性。出生諸菩薩行處，即一切聖道之邊際也，亦是察度諸解脫道決定出生處，亦是不斷如來種性，增長菩提勇識，大勇識種族種性。亦能攝伏於他一切作狂敵者，破壞一切外道，退捨四魔軍將之力，亦是眞實攝受一切眾生。

決定成熟一切趣向聖果，諸淨梵四宮之靜慮，諸一心之禪定也，亦是調伏身語意三，精勤禪定能離一切合集，亦捨一切煩惱及隨煩惱，滅除一切障礙，解脫一切繫縛，亦是解脫一切諸蘊。

滅諸亂心，成辦一切出生處，捨離一切盛衰事，亦能關閉一切諸惡趣門。開示解脫眾樂勝道，令其不入輪迴之中，而能轉大法輪，建立一切如來傘蓋幢旗。一切妙法正法之宮，亦是菩提勇識，於密咒門而修習者速得成就，亦是了解菩薩摩訶薩精勤般若波羅蜜多之定，解了一切精勤無二戲論之空性。

一切到彼岸之二足，究竟眞實清淨一切究竟地，各各了解諸聖四諦。一心體解一切諸法四種念住，此眞實名者，乃至一切正覺功德，能作眞實究竟也。

持金剛金剛手，此眞實名者，能滅有情身語意三之行無餘罪業，亦能清淨一切有情諸惡趣類，令其退捨一切惡趣，眞實斷除一切業障無有遺餘，能生一切相續八難者令其不生。能滅八種怖畏，能破一切惡夢，決定能盡一切惡相，能滅一切惡見及諸惡魔，亦能遠離一切怨魔之行，增長一切福善，亦能除滅諸惡覺觀令其不生，破滅一切憍慢、威勇、我執，不生一切苦惱憂愁。

亦是一切如來之心，諸菩薩之密，一切聲聞、緣覺之大密，一切密咒及其手印，眞實增長諸不可說，念及正念，增長無上善巧智，亦能具足無患諸力自在，亦能增長吉祥柔善微妙。名稱善說偈讚歎美，亦能眞實除滅一切病患廣大怖畏，亦是極清淨中最極清淨，極能作清淨中最極能作清淨，極成辦中最極成辦，極吉祥中最極吉祥。

諸欲歸作者爲作歸依，欲宮殿者爲作宮殿，欲擁護者爲作擁護，欲親軍將者爲作軍將，欲洲渚者爲作洲渚，欲依仗者爲作無上依仗。

欲過三有大海者爲作舟船，亦是除滅一切痛苦之藥王，分別取捨之決智，摧諸惡見大闇之明智，能滿一切有情誓願，如摩尼寶珠。

亦能獲得妙吉祥智身，一切智智之性，令得五眼見清淨智。亦是財施、法施、無畏施、眞實捨故。令六波羅蜜而得圓滿，亦是福慧二足及諸靜慮，令究竟故，能得十地，亦能捨離二邊故，即無二法非餘法性，無綺飾故即是眞實自性，亦是如來清淨智自性故，即眞實邊際之自性，亦能除滅百千惡見叢林故，即一切如來眞空之自性。

此眞實名者，即是無二法性義之眞實名，若有誦持演說者，是一切法不可說之自性也。

持金剛金剛手，若有善男子善女人，依密咒門修習者，於此出有壞妙吉祥智勇識，一切如來智身無二眞如之眞實名。是頂髻之珠者，文字句義一切通徹，無有遺犯亦無增減，每日三時若持、若誦、若讀、若說。思惟義理依時爲他解脫。時各各應想妙吉祥智勇識身，向諸門中令心止處。於愛樂實性門中誠實作想，了解一切殊勝法智慧無濁，信心具足相續繫念一心禪定者。

彼諸三世及無始世，一切正覺菩提勇識等皆來集會，得解一切法並現其身。一切正覺菩提勇識，以身語意三業與自種性眞實攝受，一切正覺菩提勇識，將諸利益而作饒益，將得一切法中，無怖無畏、辯說無礙。

復有一切諸阿羅漢、聲聞、緣覺攝持聖法，心中亦皆現身，復有調伏一切諸惡大金剛王及持大金剛等，爲護諸有情故，將變化身現種種形令其精神威勢無能攝伏，能成一切密咒、手印、記句、中圍無餘。密咒明咒王，並頻那夜迦諸惡魔怨，並諸退壞一切他不能者及大母等。

於其晝夜各剎那時，諸威儀中潛伏其身爲作救護，復有淨梵帝釋並釋近臣，大力摧伏如伏孾童，及大自在種族貓子大黑，作戲自在獄主水神，孤屛囉鬼子母等，擁護十方世界者恒常相續。

若晝、若夜、若行、若住，若坐、若臥、若睡、若覺，入定、出定、獨住、在眾，潛伏其身為作救護。或住村邑、聚落、川原，國界、王宮、門限、門樓，大路、小路、四達、三岔，村中、店舍、空舍，山藪、江川、叢林、大叢林，若不作淨、昏醉、放逸之處，恒常一切門中，晝夜潛伏、殊勝救護、成勝妙樂。

更復天龍、施礙、乾闥婆、阿修羅、迦樓羅、緊那羅、摩睺羅伽、人與非人眾曜遊宿，及諸天母、集主、七母、諸施礙母並食肉母，此合集一心一意，並諸軍將、眷屬、雜使，能為一切潛伏救護，增長精神，具足色力，威勢殊勝、無病延壽。

持金剛金剛手，此真實名頂髻珠者，若起誓願日日三時，無遺念誦三遍書寫令讀，時想念出有壞妙吉祥智勇識身，與此相同而作禪定者，以此利益故，不經多時，即妙吉祥變化於像，令其得其，亦見盡虛空界所處者，一切正覺菩提勇識，種種身相大有情者，於何時分，依何所作。

不墮地獄趣，不生惡道中，不生惡種姓，不生邊地下賤，亦得諸根具足，不作邪見。亦不生邪見家，不生無佛國中。生值佛國時，不捨正法，亦不遠離；不生長壽天中，不生饑饉、疫疾、刀兵等劫；不生五濁惡世，不遭王怖、惡怖、賊佈；於世世中，不逢下劣、貧窮之怖，不值穢氣、毀謗、輕賤、惡名、惡語之怖畏。

恒常得生本性高貴勝族中，能成一切端嚴勝相顏色美妙，於諸世人，皆悉愛樂可意；若與相隨情和悅樂見者歡喜，於諸人中端正嚴好，具大福相。發言無滯，隨所生處，得宿命智，受用廣大多諸部從，所受無盡，眷屬無盡，於有情中最極殊勝。

亦復具足殊勝功能，自然具足六波羅蜜，所有功德經於淨梵四宮，具足念及正念方便願力智，亦是一切諸數義，得無怖畏及能言說，無有愚癡，句句顯了，成大聰慧，具有廣解，無懈怠心，少欲知足；利益廣大情無愛著，即是一切有情殊勝所信之處，亦成恭敬師及上師。

此人先所未聞工巧、技藝、神通一切教法，若文、若義皆悉解了，戒及活命，最極諸行、最極清淨微妙。出家及成近圓，不念忘失一切智、智性大菩提心，決定不入聲聞羅漢緣覺乘中。

持金剛金剛手，如是具足無量功德，亦有如是無量無邊廣大功德。持金剛金剛手，誦此眞如眞實名者，即是眞實執持微妙丈夫者，聚集微妙福慧具足，一切正覺功德最極速疾求故，不經多時，能成眞實究竟無上菩提，於多劫中不入涅槃，爲諸有情中多現無上妙法，十方世界中詮演妙法，大鼓之聲相續不盡，其聲哮吼爲大法王。

唵薩末捺麻一啞末瓦二娑末瓦三比熟捺末日囉二合四啞啞吖江

啊五不囉二合吉帝巴利熟捺六薩麻捺馬七拽惡怛八薩末怛他遏怛九默捺葛野十曼祖悉哩巴梨說捺釘十一蒙巴怛影低阿十二唵薩末怛他遏怛屹哩捺野十三喝囉喝囉十四唵吽屹哩十五末遏鍐十六默捺蒙怯十七末機說囉十八摩訶鉢捞十九薩末捺麻遏遏捺二十阿麻辣續巴哩熟捺二十一捺麻惡哩捺葛囉三合末啞二十二

復次吉祥持金剛　懇分歡喜而合掌
如來尊者出有壞　敬禮究竟正覺已
復次尊者密自性　持金剛之金剛王
所餘種種同住處　高聲如是而白言
尊者我等亦隨喜　善哉善哉說善哉
為彼欲求解脫果　有情為無救度者
我等眞實救度者　作護菩提大利益
宣說幻化微妙理　此是清淨微妙道
亦是甚深極廣大　大義有情作利益
一切正覺境界者　諸正覺等皆已說

出有壞妙吉祥智勇識，所誦眞如之眞實名，出有壞世尊如來所說已畢。

07 文殊菩薩的相關經典

1. **文殊供養法**　《金剛頂瑜伽經文殊師利菩薩儀軌供養法》之略名。（《大正藏》第二十冊。

2. **文殊悔過經**　一卷，西晉．竺法護譯，文殊說悔過之法。《大正藏》第十四冊。

3. **文殊般若經**　有二譯。㈠梁．曼陀羅仙譯，題曰《文殊師利所說摩訶般若波羅蜜經》，㈡梁．僧伽波羅譯，題曰《文殊師利所說般若波羅蜜經》。《大正藏》第八冊。

4. **文殊尸利行經**　一卷，隋．闍那崛多譯。文殊巡行諸比丘房，見舍利弗坐禪，後至佛前問難，顯示阿羅漢之義，五百比丘不忍，立座而去。文殊更說法要。《大正藏》第十四冊。

5. **文殊師利問經**　二卷，梁．僧伽婆羅譯。有十七品，分別大乘之諸戒，悉曇之字母，佛滅後小乘二十部之分出等。屬大乘律藏。《大正藏》第十四冊。

6. **文殊師利淨律經**　一卷，西晉．竺法護譯。與《清淨毗尼方廣經》同本。寂順律音天子問，文殊師利答。《大正藏》第十四冊。

7. **文殊師利發願經**　一卷，東晉．佛陀跋陀羅譯，與〈普賢行願品〉中之偈文大略相同，是五言頌也。《大正

藏》第十冊。

8. **文殊師利般涅槃經**　一卷，西晉．聶道眞譯。佛在祇園，於後夜入定，放光照文殊房，作諸化現，阿難集眾，跋陀婆羅問其始末。佛爲說文殊之生緣及觀文殊之法。《大正藏》第十四冊。

9. **文殊師利現寶藏經**　二卷，西晉．竺法護譯。《大方廣寶篋經》之異譯。《大正藏》第十四冊。

10. **文殊師利問菩提經**　一卷，姚秦，鳩摩羅什譯。佛初得道在伽耶山，入諸佛甚深三昧諦觀諸法之性相，文殊知之，問云何發心，佛答無發是發。次月淨光德天子，與文殊問答菩提之義。《大正藏》第十四冊。

11. **文殊師利佛土嚴淨經**　二卷，西晉．竺法護譯。《大寶積經》第十五文殊師利授記會之別譯。《大正藏》第十一冊。

12. **文殊師利根本儀軌經**　具名《大方廣菩薩藏文殊師利根本儀軌經》，二十卷，趙宋．天息災譯。略云《文殊儀軌》。《大正藏》第二十冊。

13. **文殊師利一百八名梵讚**　一卷，趙宋．法天譯。讚文殊師利一百八名之梵頌也。《大正藏》第二十冊。

14. **文殊滅淫慾我慢陀羅尼**　一卷，失譯，爲一髻一字文殊法之眞言也。《大正藏》第二十冊。

15. **文殊師利法寶藏陀羅尼經**　一卷，唐．菩提流志譯。

一名《文殊師利菩薩八字三昧法》。爲八字文殊法之本經也。《大正藏》第二十冊。

16. **文殊師利菩薩八字三昧法**　《文殊師利法寶藏陀羅尼經》之異名。《大正藏》第二十冊。

17. **文殊師利菩薩秘密心真言**　《金剛頂超勝三昧經說文殊師利菩薩秘密心眞言》之略名。《大正藏》第二十冊。

18. **文殊師利所說般若波羅蜜經**　一卷，蕭梁．僧伽婆羅譯。《大般若經》第七會之別譯。略云《文殊般若》。《大正藏》第八冊。

19. **文殊師利根本一字陀羅尼經**　具名《大方廣菩薩藏文殊師利根本一字陀羅尼經》，一卷，唐．寶思惟譯，與義淨譯之《一字咒王經》同本，是一字文殊法之本經也。《大正藏》第二十冊。

20. **文殊師利所說不思議佛境界經**　二卷，唐．菩提流支譯。《大寶積經》第三十五善德天子會之別譯。《大正藏》第十二冊。

21. **文殊師利菩薩六字咒功能法經**　一卷，六字文殊法之本經也。《大正藏》第二十冊。

22. **文殊師利菩薩佛剎功德莊嚴經**　《大聖文殊師利菩薩佛剎功德莊嚴經》之略名。不空譯。《大正藏》第十一冊。

23. **文殊師利所說摩訶般若波羅蜜經**　二卷，梁．曼陀羅仙譯，與僧伽婆羅譯之《文殊師利所說般若波羅蜜經》同本

先出，所謂文殊般若是也。《大正藏》第八冊。

24.**文殊師利菩薩根本大教王經金翅鳥王品**　一卷，唐．不空譯。佛在淨居天，金翅鳥王對文殊說眞言密行。《大正藏》第二十一冊。

阿彌陀佛

平安吉祥

A m i t ā b h a

阿彌陀佛護佑我們脫離恐懼憂惱，
使慈悲心、智慧增長、長壽安樂。
若能心存善念，誠心誦持阿彌陀佛名號，
多作善行，不僅可以讓我們運途順暢，
求福得福，一切善願皆能如意。

03
Buddha
Family
守護佛菩薩
藥師佛
消災延壽
【附藥師咒教唸CD】
（梵音、藏音）
B h a i s a j y a - g u r u
藥師佛能護佑我們脫離各種疾病的痛苦，
使身體健康，壽命延長，遠離生命的災難、障礙、
最重要的是幫助我們去除病苦的根源——
心的根本煩惱，最終得到究竟的安樂。

大日如來

密教之主

V a i r o c a n a

大日如來，

是密教最根本的本尊，

他的智慧光明能遍照一切處，

開啓我們本具的佛性智慧，

護佑我們遠離黑暗的無明煩惱，

除去慳貪邪見等，

一切障難自然消滅，

獲得自在如意、慈悲智慧圓滿。

05
Buddha
Family
守護佛菩薩

觀音菩薩
大悲守護主

附〈心經〉、〈普門品〉、
〈耳根圓通章〉白話語譯

A v a l o k i t e s v a r a

觀音菩薩的悲心深重，

對濟度眾生的種種苦難有特別的願力與護佑，

因應各類有情眾生的需要，

觀音菩薩以種種身形來施行無畏的救度，

使我們不生起恐怖畏懼，

而得到無限慰藉與清涼。

普賢菩薩

廣大行願守護主

S a m a n t a b h a d r a

守護我們的善願能迅速成就。

增強行動力與實踐能力。

清淨罪障，止息煩惱。

摧伏一切障礙、災難。

增長智慧、無礙辯才。

地藏菩薩

大願守護主

K s i g a r b h a

守護我們遠離一切憂愁苦惱。

得到天龍八部的護念，功德日增。

菩提不退，衣食豐足。

疾疫不臨，遠離災障。

無盜賊厄，人人敬愛。

所求皆得，眷屬和樂。

得聰明利根，端正相好。

準提菩薩

滿願守護主

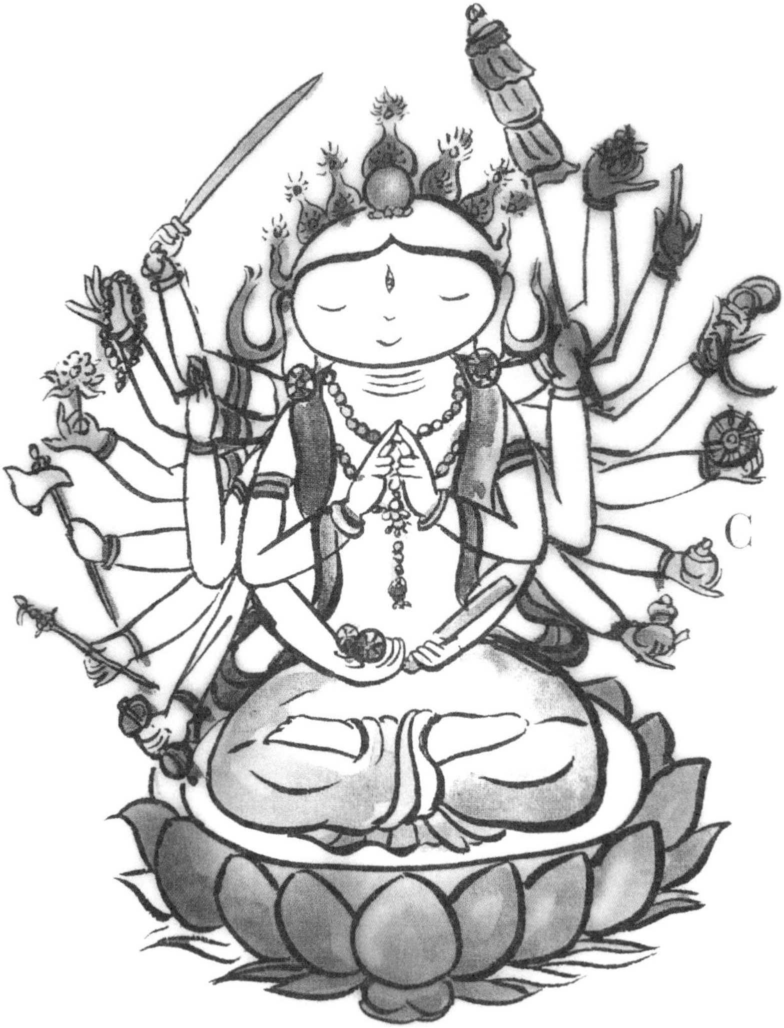

C u n d i

準提菩薩守護我們豐饒財富

隨心所求，皆得滿足

增長福德智慧，並得諸佛庇護

儀容端正，言音威肅

祈求聰明，辯論勝利

夫婦敬愛，求得子嗣

治療疾病，延長壽命

滅除罪業，遠離惡鬼劫難

守護佛菩薩6

《文殊菩薩－智慧之主》

編　　著　全佛編輯部
插　　畫　明星
執行編輯　吳霈媜
封面設計　張士勇工作室
出　　版　全佛文化事業有限公司
訂購專線：(02)2913-2199
傳真專線：(02)2913-3693
發行專線：(02)2219-0898
匯款帳號：3199717004240 合作金庫銀行大坪林分行
戶　　名：全佛文化事業有限公司
E-mail：buddhall@ms7.hinet.net
http://www.buddhall.com
門　　市　新北市新店區民權路108-3號10樓
門市專線：(02)2219-8189
行銷代理　紅螞蟻圖書有限公司
台北市內湖區舊宗路二段121巷19號（紅螞蟻資訊大樓）
電話：(02)2795-3656　傳真：(02)2795-4100

初　　版　2002年08月
初版六刷　2018年08月
定　　價　新台幣280元
I S B N　978-957-2031-09-4（平裝）

國家圖書館出版品預行編目資料

文殊菩薩 / 全佛編輯部編著. 初版. --
臺北市：全佛文化, 2001[民90]
面；　公分. -（守護佛菩薩；6）

ISBN 978-957-2031-09-4 (平裝)

1.菩薩
229.2　　90017428

Published by BuddhAll Cultural Enterprise Co.,Ltd.